ピア
フィードバック
のゼロ段階

人間関係が支える
メタ認知 **自己評価** **批判的思考**

河村茂雄
【著】

図書文化

はじめに

ピアフィードバックの必要性と，取り組むことの難しさ

　そもそもなぜピアフィードバックなのでしょうか。

　フィードバックとは相手の行動に対して改善点や評価を伝えることで，ピアフィードバックとは対等な者同士が互いにフィードバックし合うことです。つまり，ピアフィードバックとは相互評価です。

　変化の大きい現代社会を生きていくには，新たな問題を解決していくコンピテンシー（資質・能力）が必要とされます。それは「人生で直面する様々な課題に対して，自分がもつ知識やスキル，価値観などを活用することで，適切に対処しいく能力」です。そのため私たちは知識や技術を常に更新していく，生涯にわたって学び続ける「自立した学習者」であることが大事です。自分の学習状況に直面し，適切に捉え，自己改善をし，次の学習に進んでいく力や態度が必要です。子どもにそのような力を育成するためには，授業のなかでただ与えられた課題を解くだけではなく，「自己と向き合う」プロセスを取り入れ，そこに問題を発見し課題を設定して，新たに取り組んでいくという能動的に活動させていく展開が必要なのです。その支援として，子ども同士のピアフィードバック（相互評価）の活動を取り入れていくことは有効です。

　ピアフィードバックの活動では「会話」だけでなく，価値観を共有していない相手と「対話」できることが必要です。「会話」と「対話」の違いを簡単にいえば，「会話」は価値観を共有する仲間との交流を目的に行われるものであり，「対話」は他者との相互理解をめざして行われるものです。ただ不安の強い現代の子どもたちは価値観を共有する仲間をつくり「会話」をすることにも難しい面があり，ピアフィードバックの活動に取り組むには高い壁があるのです。

カウンセリング心理学から接近するピアフィードバック

　筆者の専門であるカウンセリング心理学では，カウンセラーはクライエント（相談者）が自律的に人生を選択し行動できるように支援します。その方

法として「フィードバック」を用います。クライエントがその内容に納得し，新たな気づきが生まれ，自己理解が深まっていき，自分の行動改善につなげていけることが，カウンセラーが行う支援の目的です。

　近年重視されている「生きて働く学力」や，問題解決能力である「コンピテンシー」「自己調整力」「認知・非認知能力」といったものは，いずれも自律的な選択と行動を通して獲得される思考と情意とが相補的に統合された能力であり，この取組みはカウンセラーが支援してきたものと通底しています。そこで本書はカウンセリング心理学の知見から，思考と情意を一体的に深めるピアフィードバックを学校教育に効果的に取り入れるポイントを解説したいと思います。学習者が主体的に学習に取り組める存在として成長するまでの支援として，ピアフィードバックの活用は有効な方法です。互いを尊重し建設的に支え合うといったピアフィードバックの力は，子どもたちが社会を協働的に生きるために必ず身に付けさせたいものだからです。

学級集団の状態に応じてピアフィードバックを取り入れる

　学級でのピアフィードバック活動の取組みの成果は，学級集団の状態によって異なってきます。そもそも取り入れることが難しい状態の学級集団もあります。ですが，子どものコンピテンシーの育成が重視される学校教育では計画的に学級集団づくりを展開し，各学級集団の状態に応じてピアフィードバック等の協働学習を積極的に取り入れていきたいものです。

　本書は，ピアフィードバックの取り入れを視野に入れた学級集団づくりのあり方と，ピアフィードバックの活動を工夫するための指針を，学校現場でみられる代表的な学級集団のタイプごとに解説します。子どもたちの実態が大きく変化している現在，子ども個々に学びの多い学級集団づくりをめざしている教育関係の方々に，本書をたたき台にしていただけたら幸いです。

2025 年 2 月
教育の変わらぬ理念を守るため，柔軟な方法論の必要性を感じながら

早稲田大学教授
博士（心理学）　河村茂雄

目　次

はじめに …………………………………………………………………………… 2

第1章　なぜピアフィードバックか

ピアフィードバックで「自立した学習者」を育てたい ………………… 8

ピアフィードバックの成否を左右する要因

確認！　なぜ学校で「自立した学習者」の育成がめざされるのか

OECD の指針と近年の日本社会

学習を自ら改善する経験を重ねていける授業改善へ

ピアフィードバックが学習者の成長を促すプロセス ………………… 13

他者からのフィードバックを，自己理解や自己成長につなげる

ピアフィードバックに期待されるもの①　自己評価の視点が広がり深まる

ピアフィードバックに期待されるもの②　改善点を取り入れやすく，批判的思考の
向上にもつなげやすい

ピアフィードバックに期待されるもの③　チームワークが高まる

そもそも有効なフィードバックとはどのようなものか

表面的なピアフィードバックをまねく要因 ……………………………… 18

ピアフィードバックの必要条件

よくあるブレーキ要因①　評価する力量の形成不足の問題

よくあるブレーキ要因②　目的・ねらいをみんなで共有する必要性の理解と同意
が得られない人間関係の問題

ピアフィードバックは「会話」よりも「対話」重視で

授業づくりは，基盤となる学級集団の雰囲気を無視できない

どのような対応・改善が必要か …………………………………………… 26

心理的安全性が高く，子ども個々の判断・行動が侵害されない学習集団を確立していく

子ども個々の「防衛的な意識」への対応を，学級集団づくりに組み込んでいく

子どもの防衛的な意識　Ａタイプ：自分に都合の悪い人や考え方を否定する

子どもの防衛的な意識　Ｂタイプ：高評価を得るために他者の評価を甘くする

子どもの防衛的な意識　Ｃタイプ：自分の考えを出さず，周りの大勢に同調する

学級の雰囲気に応じて，取り組み方を工夫していく

段階①〜③での大きな指針は「子どもの不安にどう対応するか」

第2章　ピアフィードバックの理想型をめざす

授業の基盤となる学級集団づくり …………………………………………… 38

安定度も活性度も高い「支持的風土の学級集団」をめざす

授業の基盤となる学級集団づくりの3ステップ

ステップ1：安定度の準備に向け，「目標・規律・関係づくり」を確実に実施する …………………………………………………………………………… 44

ステップ2：安定度の確立に向け，「協働づくり」を計画的に継続的に実施する …………………………………………………………………………… 48

ステップ3：活性度の確立に向け，「協働学習づくり」の取組みを意識的に行う …………………………………………………………………………… 52

ピアフィードバック活動の成立を支える観点と方法 ………………………… 56

子ども同士の学習過程に，対話やピアフィードバックが生まれる要因

子ども同士のピアフィードバックをどう支えるか

観点と方法①：活動に取り組むためのレディネスの支援 …………………… 58

観点と方法②：活動に取り組むためのスキルの支援 ………………………… 62

観点と方法③：活動の構成 …………………………………………………… 66

観点と方法④：フィードバックする（される）際のルールやマナー ……… 68

5

第3章 どんな学級でも取り組むためのヒント

本章（第3章）の活用法 ……………………………………………………… 74

タイプ1：同一化的傾向の学級集団（教師の期待に沿おうとする状態）……………… 76

タイプ2：形骸化した傾向の学級集団（ほめ合いなど建前に終始する状態）………… 84

タイプ3：空洞化した傾向の学級集団（おしゃべりが多いなれ合いの状態）………… 90

タイプ4：無気力化した傾向の学級集団（かかわりも低調なしらけた状態）………… 96

タイプ5：防衛的風土の学級集団（揚げ足とりがあるギスギスした状態）…………102

column

ピアフィードバックを取り入れる前に，学級集団の状態に応じて，構成して「協働づくり」に取り組む必要のある二つの学級集団のタイプの問題点 ……………………………………………………………………………108

TIPS

自己調整学習の三つの要素 …………………………………………………… 17

エージェンシーと共同エージェンシー ……………………………………… 36

自己調整学習の3要素の関係性 ……………………………………………… 55

PBL（問題基盤型学習とプロジェクト型学習）…………………………… 61

診断的評価・形成的評価・診断的評価 ……………………………………… 72

参加的リーダーシップ ………………………………………………………… 86

ポートフォリオとルーブリック ……………………………………………… 95

崩壊した学級集団（学級崩壊）………………………………………………107

注釈 ……………………………………………………………………………110

おわりに ………………………………………………………………………117

6

なぜ
ピアフィードバックか

ピアフィードバックで「自立した学習者」を育てたい

ピアフィードバックの成否を左右する要因

　ピアフィードバック（学習者同士の相互評価）には教育的な効果が期待できますが，その成果は子どもたちの人間関係による影響を無視できません。例えば次のような行動が多い学級では，そもそもピアフィードバックの取組み自体に困難が伴います。

・子ども同士で考えを高め合うよりも，教師の期待に沿おうとする
・建設的でなく，ほめ合いなど建前の言い合いに終始してしまう
・グループ学習や振り返りが，関係のないおしゃべりに終始してしまう
・子どもは相互に無関心でしらけており，いっこうに活動が盛り上がらない
・ギスギスした雰囲気のなかで，相手の揚げ足を取ったり引き下げたりする

　こうした行動の増加により，学級集団には特有の雰囲気が生起されます。とりわけ「自分に都合の悪い人や考え方を否定する」「高評価を得るために他者の評価を甘くする」「自分の考えを出さず，周りの大勢に同調する」といった非建設的な行動が定着した学級では，ピアフィードバックはもちろんのこと，あらゆる協働学習の成立が難しくなっていきます。

　学校でのピアフィードバックの取組みは良好な人間関係のうえで，はじめて建設的になされていくものです。本書は「自立した学習者」を育てるためにピアフィードバック等の協働学習を教育活動に組み込み，学級集団づくりと一体的に進めていく考え方と方法を解説していきます。学級集団に「対話」のある人間関係を少しずつ増やしていくイメージです（図1）。

第1章 なぜピアフィードバックか

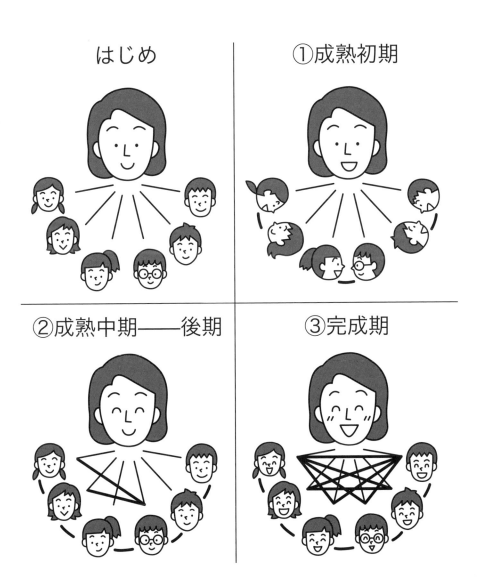

図1　フィードバック活動の段階的な成熟[*1]
（より多くの他者からフィードバックを受けられるように人間関係を形成していく）

確認！　なぜ学校で「自立した学習者」の育成がめざされるのか

　インターネットの普及で情報，知識，技術はパーソナルに世界に流通展開しながらどんどん更新され，現代人はその変化に対応していかなければ社会から取り残されてしまいます。このような社会で生きるために必要な力は，自らの知識や技術を更新し続ける「生涯にわたって学び続ける力」「主体的に考える力」であり，自分に足りない面を自己判断して必要な資質・能力を主体的に獲得していこうとする「自ら学ぶ力」です。したがって学校教育では「自ら学ぶ力」を有する「自立した学習者」の育成がめざされています。

　「自立した学習者」とは，目の前の問題に対して，自律的な動機で，さまざまな他者と協働して，能動的に問題解決活動（学習）に取り組み，メンバー同士の相互作用やそのプロセスから自らの知識や技術を更新し，資質・能力を獲得していける人のことです。

　技術や産業の急激な変化，環境問題，自然災害の発生など先が予測できず，不確実性の高い現代社会は，VUCA（ブーカ）の時代とも呼ばれます。VUCA は，Volatility（ボラティリティ：変動性），Uncertainty（アンサートゥンティ：不確実性），Complexity（コンプレクシティ：複雑性），Ambiguity（アムビギュイティ：曖昧性）」の頭文字をとった造語です[2]。常に大きく速い変化が起こり続け，従来の常識が覆され，先が不明確で予測できない状態は，人々の不安が高まる要素が多くなる社会といえるのです。

OECDの指針と近年の日本社会

　VUCA の時代を生き抜くために生徒たちに必要な力は何か，そしてそれをどのように育成するのかといったことを，OECD（Organisation for Economic Co-operation and Development：経済協力開発機構）[3] は 2015 年から Future of Education and Skills2030 プロジェクト（OECD 教育 2030）で検討してきました。OECD は DeSeCo プロジェクトの最終報告（2003）で 21 世紀に必要な能力としてキー・コンピテンシー（key competency）[4]を発表しており，OECD 教育 2030 はその後継に位置づきます。

第1章 なぜピアフィードバックか

OECD 教育 2030 がめざすのはウェルビーイング（Well-being：より良く生きること＝幸せ）[5] の実現であり，指針としてラーニング・コンパス（学びの羅針盤）が考案されました。ラーニング・コンパスは個人や社会のウェルビーイングの実現をめざし，私たちの望む未来（Future we want）に向けた方向性，複雑で不確かな世界を歩んでいく力を示しています。ラーニング・コンパスの名称は自分たちで行動していくための学習の必要性を強調しています。

個人や社会のウェルビーイングの実現をめざし私たちの望む未来（Future we want）の具現に向かわせるラーニング・コンパスの中心的な概念として，エージェンシーがあります。エージェンシーは「変化を起こすために，自分で目標を設定し，振り返り，責任をもって行動する能力（the capacity to set a goal, reflect and act responsibly to effect change）」と定義されています（「エージェンシー」「共同エージェンシー」の用語説明は 36 頁参照）。

エージェンシーの育成には指示された通りにやって成果を上げるだけではなく，自分で考えて目標を設定しそれを実現していくという能動性が求められます。自らが働きかけ，既存の型にうまく合わせるというよりも自ら型をつくる，他人の判断や選択とうまく折り合いをつけるよりも責任をもって判断や選択を行う，という面を重視するのです。

近年日本の社会では，学習はいい大学に進学するためなど「自分のために」というのが暗黙の了解になっているようです。学びの協働性がとても乏しくなっているなかで，エージェンシーの考えには我が国の公教育のあり方を改めて考えさせられます[6]。

エージェンシーは学習者が他者や社会と能動的に関わるなかで形成されるものです。共同エージェンシーのもと共有された目標に向かって学習者が邁進できるように協働活動・学習していく身近な取組みは，まさに学級集団での協働活動・学習なのです。

11

学習を自ら改善する経験を重ねていける授業改善へ

　「自立した学習者」を育成するために，学校での授業あり方は変化が求められてきました。一定の知識を理解し記憶する場，教師が説明する既存の知識を静かに聞いて記憶する，教師の指示通り行動して一定の技能を身につける，ことが優先されていたのが従来の授業だったと思います。これから求められるのは，自ら他者と協働学習してコンピテンシーを獲得していけるような学習活動となる授業です。

　学習者が課題の解決に向かって自由度の高い思考に基づく試行錯誤を他者との協働活動を通して取り組み，コンピテンシーを自ら獲得する場となる授業をつくることが必要です。例えばほかのメンバーと率直に考えを交流してよりよい問題解決策を練り上げる，ほかのメンバーとのかかわりのなかでよりよい考え方や行動の仕方を観察して取り入れる，ほかのメンバーの意見やフィードバックをもらって自信を得たり改善点に気がついたりすることが重視されるのです。

　このような学習活動になるような授業の展開が「主体的・対話的で深い学び」による授業改善であり，学修者が能動的（アクティブ）に学修（ラーニング）に参加する，アクティブラーニングとなる学習法です。授業では問題解決学習（課題解決型学習），体験学習，調査学習，グループディスカッション，グループワーク等を有効に取り入れることが推奨され，このような授業はアクティブラーニング型授業とよばれています。学習指導要領でも問題発見・解決能力の育成については強調されています[*7]。協働で問題解決型の学習活動を展開するプログラムとして，アメリカでは20世紀から学校教育で盛んに活用されてきたPBLがあります（「PBL」の用語説明は61頁参照）。

第1章 なぜピアフィードバックか

ピアフィードバックが学習者の成長を促すプロセス

他者からのフィードバックを，自己理解や自己成長につなげる

　「自立した学習者」の育成で大事なのは，学習者が自律的に活動できるようになることです。学習者が期待される学習内容を「自ら獲得する」という流れを通して自ら学ぶ方法を身につけ，習慣化させていくのです。そのために教師にやらされるのではなく，自律的な動機で取り組むことが尊重されます。教師が教え込むのではなく対等なメンバー同士の交流から自ら気づき，自己決定して取り組んでいくことが大事にされます。

　さらに，対等な学習者であるほかのメンバーの活動や思考を観察して，観察学習（モデリング）をしたり，ほかのメンバーからフィードバックを得て自己理解を深めたりすることが尊重されるのです。ちなみに，フィードバックとは相手の行動に対して改善点や評価を伝えることです。

　また「自立した学習者」を育成するためには，自分の学習状況を適切に捉え，自己改善をし，次の学習に進んでいく力や態度の育成が必要です。自律的・能動的に活動するとはただ与えられた課題を解くだけではなく自己と向き合うプロセスを取り入れ，そこに問題を発見し自ら課題を設定して，新たに取り組んでいくという展開になることが大事なのです。自己と向き合うプロセスとは例えば学習活動の自己評価です。

　学習者は目標達成のための具体的な改善点をメタ認知しながら自己省察し，自律的な動機を高め，新たな学習方略を見いだすなど，自己評価を通じて自らの学びを深めていくのです（「メタ認知」「学習方略」等の説明は17頁と55頁のTIPS参照）。自己評価の取組みは，学習者が自ら学習に関わり深い理解を追求するプロセスそのものです。つまり学習者が学びの成果や取

13

組み方を自己評価する取組みは，「自立した学習者」の育成の中心なのです。

ピアフィードバックに期待されるもの①：自己評価の視点が広がり深まる

　評価の目的は教師が学習者の学習成果を測ることだけではなく，学習者がどのように学び，どの程度学習が進んでいるか（例えば，学習活動での良い点，改善点，興味，学習スタイルなど）を理解し，学習過程を振り返り，次の学習に生かすために行うことでもあります。アクティブラーニングの授業実践では学習者が自らの学びを深めるために，学びのプロセスを可視化する評価を取り入れる必要があります。学習活動の途中や節目に自己評価を取り入れていく試みは，学習者が自ら学習に関わり深い理解を追求するプロセスそのものです。それをより有効にする方法として，ポートフォリオとルーブリックの活用があります（「ポートフォリオ」「ルーブリック」の用語説明は95頁参照）。

　学習活動に自己評価を取り入れる試みでより効果的なのは，学習者同士によるピアフィードバックの場面を取り入れることです。例えば図2のような展開です（3人のグループ）。ピアフィードバックを通して，他者の考えを聞いて単に相手の意見を賛成・同意か・批判かと受け止めるだけではなく，「なぜ相手はそう考えたのか」「相手の考えは自分の考えとどう関連しているのか」という視点をもてるのです。それが自己と直面させ，自分が考えていたことを俯瞰してみることができ，思考が広がり深まっていくのです。自己評価にピアフィードバックを取り入れることで学習者は，自分の行動に対する他者からの視点を得ることができ，自己評価の視点を広げ・深められ，自己分析力が高まり，学習方略の選択も広がり，パフォーマンスが向上することが期待されるのです。

ピアフィードバックに期待されるもの②：改善点を取り入れやすく，批判的思考の向上にもつなげやすい

　ピアフィードバックは指導者が一方的にフィードバックするのではなく同

第1章 なぜピアフィードバックか

Aさん：私はこの課題について〇〇をすれば効果が高いと考えたんだけど，みんなはどう思いますか？　考えを聞かせてください。

Bさん：私はAさんの考えと同じで〇〇の取組みがいいと思いますが，さらに，△△を付け加えると，もっと効果が高まると思います。

Cさん：私は二人と違い，□□をやったほうが失敗も少なく確実だと思います。Aさんたちのやり方はうまくいけば効果が高いと思いますが，うまくいく確率は低いと思います。それならば，成果は低くてもうまくいく確率の高い□□をやったほうがいいと思います。

Aさん：BさんとCさんの考えを聞いて，私は考え方の視点が広がりました。まず課題への対応として，〇〇の取組みがいいと考えましたが，Bさんの考えを聞いて，同じ対応でもやり方によって効果が異なるという点を考慮していませんでした。さらに，Cさんの考えを聞いて，効果の大きさの前に，課題に確実に対処できることが大事で，確実に結果がでる可能性について，〇〇と□□を比較するという視点がありませんでした。これらの指摘を基に，もう一度，自分の考えを整理させてください。

図2　学習者同士よるピアフィードバックの対話例

じレベルのメンバー同士で，改善点を指摘し合うフィードバック手法です。学習者同士のフィードバックは気さくで身近な内容が多く理解しやすく，やれそうな感じがするものです。学習の途中や節目でほかの学習者にフィードバックを与えたり（受けたり）することを通して，相手の成果からポイントを学んだり・やり方（学習方略）をモデルにしたり・比較したりして，自己の改善点もみえてきて内省を促す等の利点があります。

　そのためには学習者は一定程度の批判的思考やコミュニケーションスキルをもっていることが必要で，ピアフィードバックの取組みを通して，さらにそれらを向上させることもできるのです。批判的思考（critical thinking）とは，他者を攻撃する・あら探しをするというようなネガティブな思考ではありません。批判的思考とは物事や情報を無批判に受け入れず，多面的に検討し，論理的・客観的に理解することをめざす思考です。批判的思考の特徴として次の点が挙げられています（図3，16頁）。

15

❶ 論理的・合理的思考：多面的，客観的に証拠に基づき，規準に従って筋道を立てて考えること
❷ 目標志向的思考：より良い思考をおこなうために，思考過程を改善するために高い思考技能（複雑な判断・分析・統合・省察的な思考・自己モニタリング等）を用いて，目標や文脈に応じて実行されること
❸ 内省的・熟慮的思考：自分の信念が正しいと思ってしまうこと（確証バイアス）に陥らず，自分の推論プロセスを俯瞰的に，意識的に吟味すること

図3　批判的思考の特徴[*8]

　なお確証バイアスとは，自分の信念の正しさを示すために，仮説や信念を検証する際にそれを支持する情報ばかりを集める，反証する情報を無視または集めようとしない，という傾向のことです。批判的思考は良い思考を行うため，他者および自分に対して広く使われるものです。

ピアフィードバックに期待されるもの③：チームワークが高まる

　ピアフィードバックはお互いの改善点や評価を話し合うのがおもな目的ですが，メンバー同士が理解し合える機会となり交流を深められ信頼関係を構築することができ，チームとしての一体感も生まれる可能性が高まります。ピアフィードバックの取組みは，チームワーク向上にも寄与するのです。

そもそも有効なフィードバックとはどのようなものか

　カウンセリングではクライエント（相談者）が自律的に人生を選択し，行動できるようになることをめざした支援が行われます。カウンセラーはまずクライエントと信頼関係を築き，その後クライエントが自分自身の内面に向き合い，自分の価値観・興味・才能・こだわり等を深く理解できるように，いま起こっていることを正しく認識できるように促していきます。そのための方法としてカウンセラーは積極的なかかわり技法を用います。フィードバックもその技法の一つです。カウンセラーが具体的な事実に基づき，クライエントの行動や反応の仕方についての評価や改善点を，客観的な立場から伝えていくのです。フィードバックが効果的となるためにはクライエントがそ

の内容を納得し，新たな気づきが生まれ自己理解が深まっていき，自分の行動改善につなげていこうとするようになることです。そのためにはカウンセラーに，以下のことが求められます（図4）。クライエントはこのような状態にあるカウンセラーからフィードバックされることによって，自己探索が促されるのです。

・事前にクライエントと信頼関係をしっかり形成しておく
・クライエントの成長を支援する姿勢をもつ。共感的理解
・非審判的態度（主観的な道徳観念や経験，価値観によって，クライエントの行動や考えに対して善悪の判断を行わない）で対応する
・カウンセラーが自己一致の状態である。自分自身のありのままの感情を受容しており，「あるべき姿」と「あるがままの自分」が近く安定した精神状態である

図4　フィードバックを実施するカウンセラーに求められること

TIPS　自己調整学習の三つの要素

　心理学では「主体的な学び」とは「自己調整学習」のことで，学習者が学習過程に，「動機づけ」「学習方略」「メタ認知」の考えを取り入れ，行動に積極的に関与する学習です。各キーワードについて概説します。

動機づけ（モチベーション）：人に行動を起こさせ，目標に向かわせる心理的過程です。自律的動機になるとは，「親や先生に叱られたくないから」など外からの働きかけではなく，「新しいことを知りたいから」など学習内容への興味や関心に基づく内発的なもので行動しようという状態です。

学習方略：学習方法や勉強の仕方のことです。学習内容に応じて適切な学習方略を選択したり，自分の特性にあった学習方略を選択できることが大事です。

メタ認知：自分の考えていること・行動していることそのものを，自ら自覚し第三者の視点で俯瞰して客観的に把握し認識することです。活用される場面は「計画の立案—活動の遂行状況—活動の評価」の3点です。

表面的なピアフィードバック
をまねく要因

ピアフィードバックの必要条件

　ピアフィードバックの導入は多くの教育的な利点があります。ただしピアフィードバックも協同学習の取組みであり，この取組みが真の協同学習となるためには「五つの課題」があります[*9]。また日本の学校現場では「学習者個人が取り組むべきこと・チームワークのとり方の達成すべき課題」と「学習集団・グループの組織として達成すべき課題」があるのです[*10]。

　ピアフィードバックの取組みが効果を得るためには，真の協同学習となるためと同様のハードルがあることを忘れてはなりません。さらに学習者たちには，ピアフィードバック導入の「目的・ねらい，みんなで共有する必要性」の理解と同意，「評価する力量」の形成，が必要条件になります。それが不十分な状態では，期待する効果を得ることができないだけではなく，逆効果になることもあるのです。

よくあるブレーキ要因①：評価する力量の形成不足の問題

　そもそも学習者に評価する力量がなければ，ピアフィードバックは成立しません。特に評価の妥当性や信頼性の問題は，教育活動の生命線です。評価の妥当性や信頼性の問題とは，例えば評価する際の観点や方法が評価したい内容とズレている，同じものに対して学習者によって評価が異なる，教師評価と大きく乖離する等です。学習者に評価するトレーニングをせずに評価をさせても，妥当な結果にならないことは多いのです。

　事前に学習者に評価の仕方を学習させ，練習してもらうことは必要です。指導者がピアフィードバックをやってみせ，その評価観点をもとに学習者に

練習課題を評価してもらい，その練習結果の評価について指導者がフィードバックするなどです。またピアフィードバックの良い例や悪い例の代表例を紹介し，指導者がポイントを指摘し解説するのもいいと思います。その際ルーブリックを用いて評価観点を明示して，どういうポイントを重視して評価を行うのか，きちんと伝え理解させていくことが大切です。もちろん批判的思考が一定程度できることも求められます。

よくあるブレーキ要因②：目的・ねらいをみんなで共有する必要性の理解と同意が得られない人間関係の問題

　ピアフィードバックの目的・ねらいについて，事前に指導者が説明しても，学習者たちの理解と共有が得られない場合があります。能力的に理解できないのではなく，不安が強かったり人間関係が悪かったりしてみんなで協働することを感情的に受け入れられず，協働することができないのです。

　この深刻な問題は，グループ内の人間関係に起因しています。このような状況では子ども同士で行う評価の妥当性等も成立せず，ピアフィードバックの取組みを実施しても，アクティブラーニングにつながらないのです。グループで活動する人々の人間関係の状態には，いろいろな段階があります。マイナス面が大きい順に以下に整理します（図5）。

---

❶ 対立や軋轢が頻発し，協働どころか一緒にいること自体が不快な状態

❷ 他者と関わりたいと思えず，相互に無関心でかかわりもない状態

❸ グループという意識がもてず，気の合う人とだけ個で関わっている状態

❹ 事務的に所属しており，やらされる形で一緒に活動している状態

❺ 同じ価値観を有し気心が知れた「仲間」が形成され，この良好さを維持するために，互いに相手を肯定的に評価し合う「会話」で交流している状態

❻ 互いに高め合うために，「仲間」以外の相手とも，批判的な思考に基づく「対話」ができる状態

❼ 価値観も宗教も多様な人たちと，共通の目的を達成するために，みんなと批判的思考に基づく「対話」ができる状態

図5　グループの人間関係の状態（マイナス面が大きい順）

グループの人間関係が図5（19頁）の❶と❷の状態ではピアフィードバック以前の，簡単な協働活動も成立させることが難しいです。❸と❹の状態では協働活動に取り組んでも形だけになりがちで，建設的な学び合いは生まれません。一般的には，人間関係がよいグループとは❺の状態ではないでしょうか。このようなグループでの話し合いは，みんなの興味がある趣味や芸能などのテーマが選ばれ，互いにより楽しく親しくなるように，肯定的な会話が展開されます。特定の価値観を共有した人間関係が維持される「会話」が大事にされ，価値観のぶつかり合いや，相互の違いが浮き上がるような深刻な議論は，グループの和を乱すとして避けられるのです。

　ただし，グループ内のメンバーが学びとなるようなピアフィードバックには「対話」が必要で，❻以上のグループの状態が必要なのです。相手の説明内容が不明確であれば，学びを深めるために批判的な評価もしっかりし合うことが期待されるのです。それが共通の目標を達成するため互いを高めるために大事であることが，お互いに理解されているからです。ピアフィードバックの取組みでは批判的な評価をし合っても互いの信頼関係は崩れないような，より深い良好な人間関係の構築が求められるのです。

ピアフィードバックは「会話」よりも「対話」重視で

　「会話」は共有された特定の価値観や考え方（特定の言語・文法を用いる），行動の仕方を前提としたコミュニケーションです。「仲間」は「会話」ができる人（友人関係にある人，同じ業界の人，職人等）であり，それに対して「他者」は「会話」ができない人です。「仲間」同士の「会話」は暗黙の多くの前提を共有しそれに基づいて肯定的に話し合えるので，考えるエネルギーが節約でき（気軽に話すことができ），共通の話題で互いに楽しくなり，「仲間」関係はさらに強化されていきます。ただし会話の限界として「会話」に参加している人々は「仲間」に受け入れられたことで安心し，自分の発言内容について深く内省しなくなる（言語認識の自動化）傾向があります。また「仲間」以外の人とは話が通じにくく面倒くさいので，「他者」と関わることが減る傾向もあります。さらに「会話」は背景に特定の価値観

20

や行動様式の意識していないレベルでの共有があり，そこから導き出された結論は「仲間」内だけの予定調和で終わる可能性が高く，「会話」を通した思考は言語認識の自動化が多く一定の枠内に留まりがちなので，独創的な成果をあげることが難しくなります。したがって「会話」による学習活動だけでは，子どもの思考力を高めることが難しいのです。

　それに対して「対話」は異質な価値観や見解をもつ「他者」と交流し，立場や価値観の互いの違いを理解し，そのずれをすりあわせることを目的に行うコミュニケーションです。いままでのやり方ではとても解決できない新たな問題の解決をめざしていくために，従来の思考の枠を突破していくような「対話」による柔軟な思考が不可欠です。「仲間」内で通用する既成の知識の習得だけをめざすのであれば，「会話」で行うのが効率的です。しかし既成の知識の新たな活用の仕方や創造する力を育成するために，言語認識の自動化を抑止しつつ，かつ多面的・客観的に証拠に基づき筋道を立てて考える論理的思考や，自分の思考の自明の前提となっているものの妥当性を疑うような内省的思考を伴った「対話」を用いた学習活動が求められます。変化の時代に「自立した学習者」を育成していくために，グループでの話し合いに「対話」が不可欠なのです。

　現代の子どもたちは不安が強く，価値観を共有し気心が知れた「仲間」を形成し「会話」をすることにも難しい面があります[*11]。このような問題がある状態でピアフィードバックの取組みを実施しても学びにならないばかりか，単に学習者同士のおしゃべりの場になってしまったり，批判や悪口の言い合いに終始してしまったりなど，逆効果になることも少なくありません。そうならないためにも指導者はピアフィードバックの目的・ねらいを学習者たちに説明する以前に，グループ内の人間関係が良好に建設的になるように育成することが必要です。その際のおもな手続きは次の3点です。

手続き①：小グループで親和的な「会話」が成立するようにする

　「対話」の実施には子どもたちの間に信頼が必要であり，「会話」関係の構築はその基盤になるものです。学級内に他者を信頼できる感覚を涵養する基盤となる会話を成立させなければならないのです。そのためにまず，小グル

ープで親和的な「会話」が成立するようにすることが求められます。

手続き②：①を徐々に拡大させて，学級全体で「会話」が成立するようにする

　小グループでの「仲間」の形成のプロセスでは排他的になることもあります。自分たちは特別な共通点（趣味，推し，育ち等）で一緒，外に共通の敵をもっている等でまとまる場合です。発達が幼いとその傾向は強まります。小さく固くまとまることは，大きく緩やかにまとまっていくことを阻害する面を有するのです。これらのバランスを取りながら子どもたちのかかわりが，小集団⇒中集団⇒全体集団となるように育成することが求められます。

手続き③：学級全体で「会話」だけではなく「対話」が成立するようにする

　この段階では子ども同士の信頼関係の質の転換を図る必要があります。みんな一緒で「仲間」という一体感による信頼感から，みんなそれぞれの特性をもち異なるけど「みんな違ってみんないい」という多様性を尊重した信頼感への転換です。そのためには「対話」となる思考活動が必要なのです。「仲間」の間では当たり前や常識として省略された意味内容までも言語化し，相手に伝わる言葉で表現するようにしてみるのです。子どもたちが意識的に仲間集団の文脈を離れて，互いが異質な「他者」のつもりになって，多面的な検討が必要です。

　以上の手続き①②③の取組みに応じて，学習者同士が協働活動・学習をする意味を理解させ，協働活動・学習に関するルールについても確認し同意を得て，簡単な課題から練習させて徹底していく必要があります。

授業づくりは，基盤となる学級集団の雰囲気を無視できない

　ピアフィードバックのような協働活動・学習の取組みは，学級内の子どもたちでグループを形成して実施されます。その協働活動・学習する土壌となる学級集団の状態や風土の如何が，学級内で行われるすべてのグループでの協働活動・学習の成果に大きな影響を与えるのです。ピアフィードバックの難しさにグループ内の人間関係の問題を指摘しましたが，その基盤には学級集団の状態や風土の問題があるのです。日本の学校の学級集団はメンバーが

第1章 なぜピアフィードバックか

固定された閉鎖集団だからです。所属していると建設的な意欲が喚起され，ほかの子どもたちとフランクに親和的にかかわれるような学級集団の状態は理想的です。逆に，メンバー同士が互いにけん制し合ったり白けていたり子ども同士の対立が絶えなかったり，本音の思いや考えが言えないような学級集団の状態は協働活動・学習を設定しても，建設的な学び合いは生起しにくいものです。現在の日本の学校には，後者のような学級集団の状態が少なくありません。現代のさまざまな学校教育問題の背景に，学級集団の問題が存在しているのです。

学級集団の状態を理解する視点として学級風土があります。固定されたメンバーと教師で構成される学級集団には，子どもたちの間の相互作用，インフォーマルな小集団の分化，子どもたちと教師との関係などにより，特有の雰囲気が現出してきます。このような学級全体の雰囲気が学級風土です。子どもたちは意識する・しないにかかわらず，所属する学級集団の学級風土に大きな影響を受けていきます[*12]。学級風土は「支持的風土」と「防衛的風土」との二つに大別できます。以下に，両風土の特徴を記します（表1）。

学級内で協働活動・学習を実施するには「支持的風土」が理想です。それは集団内の人間関係に信頼感が構築され，メンバー個々の多様性と個性が尊重・評価され対等なかかわり合いがあり，かつより前向きに変化していこう

表1 「支持的風土」と「防衛的風土」の学級集団の特徴

「支持的風土」の特徴	「防衛的風土」の特徴
① 級友との間に信頼感がある	❶ 級友との間に不信感がある
② 率直にものが言える雰囲気がある	❷ 攻撃的で他罰的な雰囲気がある
③ 組織として寛容さがあり相互扶助	❸ 組織として統制と服従が強調されるがみられる
④ ほかの集団に対して敵意が少ない	❹ 戦闘的で地位や権力を志向する
⑤ 目的追究では自発性が尊重される	❺ 目的追究に操作と策略が多い
⑥ 学級活動に積極的な参加がある	❻ グループ間に対立と競争がある
⑦ 多様な自己評価が行われる	❼ 保守的で他律性が強い
⑧ 協同と調和が尊重される	❽ 上下関係が重視される
⑨ 創造性と自律性が尊重される	❾ 支配と服従の傾向がある

23

という雰囲気が高まり行動化されているからです。こうした学級集団のなかでは子どもは人間関係の不安がないので自分の思いを率直に出して，さまざまな学級活動にほかのメンバーたちと建設的にかかわっていくことができます。逆に「防衛的風土」の学級集団は人間関係の軋轢があり，個人の自由や権利よりも上下関係を重視する封建的な雰囲気が強く，集団内で期待される態度や行動をとることを強いられることが多いです。そのためほかのメンバーの思惑が気になり，自分の考えを率直に出して行動できにくいので，学級内で協働活動・学習を実施するには不向きな状態です。

　学級風土の視点から考えると，ピアフィードバックなどのグループでの協働学習に影響を与える学級集団の状態には，理想的な順に次の①〜⑦のような階層が考えられます。

状態①：支持的風土の学級集団――プラス面もマイナス面も率直に指摘し合える状態

　学級集団内の子どもたちには相互に信頼感があり，率直にものを言い合うことができたり，みんなで協働して活動したり学習したりできるような状態になっています。ピアフィードバックなどを取り入れると，建設的に展開され，学級集団はよりまとまり，子どもたちの学びは広がり深まっていきます。

状態②：同一化的傾向の学級集団――教師の期待に沿おうとする，会話の交流に留まった状態

　学級集団内の子どもたちの間には親和的な一体感が強く，みんなでまとまって協働活動が積極的にできる状態になっています。ただ，そのまとまりは教師のもつ特定の価値観の枠内にあり議論も「会話」に留まり，「対話」を用いた協働学習に至ることが少ないのです。ピアフィードバックなどを取り入れると話し合いは積極的になされますが，教師の期待に沿う予定調和的な内容に留まってしまい，批判的思考が展開されにくいのです。

状態③：形骸化した傾向の学級集団――建前ややらされ感が強い状態

　学級内に教師の指導によって規律が確立されていますが，人間関係の形成は弱くお互いに距離がある状態です。教師が提起する課題に取り組みますがやらされ感が強くなっており，学級全体で協働する意識も高まっていません。ピア

フィードバックなどを取り入れても子どもたちの話し合いは活性化せず，率直な考えや思いの交流は生起しにくいのです。学び合いは乏しい状態です。

状態④：空洞化した傾向の学級集団——おしゃべりが多く，なれ合いの状態

学級内には規律の確立が弱く，人間関係の形成も気心の知れた身近な3,4人に閉じています。学級全体で協働する意識も高まっておらず，子どもたちは小グループで思い思いに活動しているのです。小グループ同士の連携はできず全体活動はまとまりが悪い状態です。ピアフィードバックなどを取り入れても取り組む目的意識が低く，課題から脱線した小グループの友人たちとのおしゃべりになりがちです。学び合いにはならないのです。

状態⑤：無気力化した傾向の学級集団——無関心でかかわりも低調なしらけた状態

学級内には規律の確立や人間関係の形成がとても低く，学級内の子どもたちには協働する意味の理解もなされておらず，協働活動もほとんど成立しない状態です。子どもたちは学級に事務的に所属しているだけで，相互に支え合いもなく，学び合いもほとんど生まれていません。ピアフィードバック以前に，協働活動などを取り入れること自体，難しいのです。

状態⑥：防衛的風土の学級集団——揚げ足取り・引き下げがあるギスギスした状態

学級内の子どもたちの間には相互に不信感があり，攻撃的で他罰的な雰囲気があり，本音の思いの表出を抑え，防衛的な行動をとることが常態化しています。子どもたちは学級に所属することに意味を見いだせず，相互に支え合いもなく，学び合いもほとんど生まれていない状態です。ピアフィードバックなどを取り入れても逆効果になりがちで，傷つけ合いになりやすいのです。

状態⑦：崩壊した学級集団（学級崩壊）——対立や軋轢（あつれき）があり，所属することが不快な状態

学級単位でそもそも教育活動の成立が不可能になっている「学級崩壊」の状態があります。この状態はすでに教育機能を喪失しています。まず，最低限の学級集団の状態を回復させることが不可欠です。そのためには，学校の教師たちの組織対応が必要です。

どのような対応・改善が必要か

心理的安全性が高く，子ども個々の判断・行動が侵害されない学習集団を確立していく

　現代の子どもたちは不安が強い傾向があり，自律性と協働性の発揮が相乗的に弱くなっていると考えられます。自律性とは自分の行動のあり方を自己決定できること，協働性とは人々が集まる集団のなかで理解や支持を得て相互に協力をして共通の課題に取り組める意識と能力のことです。

　そのため自分の考えで行動を決定するのではなく，周りから否定・非難されないように，周りの人々の考えや意見に同調して行動することを優先してしまうのです。自分の考えや欲求を抑えてみんなが正解と考えるような行動の仕方を得ようと，周りの人々の顔色や思惑をとても窺い，その場の空気を読み取ることに躍起になってしまいます。ＫＹ（空気読めない）にならないように過敏になっているのです。自分の意思で行動するよりもその場の空気に流されやすいのです。メンバーが固定された状態が一定期間継続する集団で，自分では参加・不参加の選択を自由にできない環境，学校では学級集団などで，その傾向が顕著になります。

　授業でピアフィードバックの場を設定しても目的に沿った行動に至ることが少なく，教育効果も期待しにくい状態です。そこで活動を設定する以前に学級集団が不安の少ない場になるように，学級内の子どもたちが目的を共有して本音で交流できる人間関係になるように形成することが必要になります。学級集団づくりの必要条件がある程度満たされていないと，活動を設定しても成立しないか，形骸化してしまうことになるのです。

　ピアフィードバックのような協働活動・学習が教育的効果を上げるために

は，学級集団の状態や風土に，一定程度の心理的安全性の確立が必要です。心理的安全性とはチームのほかのメンバーが自分の発言を拒絶したり，罰したりしないと確信できる状態です[13]。周りのメンバーから批判や非難をされるという不安を感じることがないので，その組織や集団内では自分の考えや思いを率直に発言できる状態です。前述の，学級集団が不安の少ない場，学級内の子どもたちが目的を共有して本音で交流できる人間関係のある状態です。

　同時に学級の子どもたちにも学習者としての課題があり，それが自分で自分をリードするセルフリーダーシップで行動できることです。各自が自らの意思のもと状況に対して正しい判断を行い，主体的に行動して自らの方向性を決めることです。これは OECD 教育 2030 のエージェンシーにつながるもので，学級集団づくりに関与させながら育てていくのです（「エージェンシー」「共同エージェンシー」の用語説明は 36 頁参照）。

子ども個々の「防衛的な意識」への対応を，学級集団づくりに組み込んでいく

　学習指導と生活指導の統合の場として学級を捉え，教育全般を学級経営の内実とする「学級づくり的学級経営観」の立場が，学校現場では主流になっています。子どもの人格（資質・能力）を目的意識的に学級集団のなかで発達させる教育実践の体系です。子どもを学級集団づくり・学級での協働活動・学習に参画させることを通して，コンピテンシーを育成するのです。

　つまり，学級集団づくりとコンピテンシーの形成は同義なのです。学級集団づくりの取組みは，共同エージェンシーによって共有された目標に向かって学習者が邁進できるように協働活動・学習していく取組みと通底していると思います。ただし多様なメンバーとの探究的な学習活動とそれに応じた学級集団づくりが重視されてきたなかで，現代の子どもたちの自律性と協働性が乏しくなっている実態，従来の知識伝達型授業とそれを支える学級集団の状態に留まっている学校現場が多い現状を考えると，目標達成に向かうのに際して，次の 2 点は留意しなければなりません（図 6，28 頁）。

> ❶ 現代の子どもの実態への能動的な対応を，個別に確実にする。自然に任せては建設的な行動も始まらない可能性が高い
>
> ❷ 従来の知識習得型授業とそれに応じた学級集団づくりの仕方で，能動的に推進しても，エージェンシーは身につきにくい。学級集団の状態に応じて，「会話」と「対話」の取り入れ方を工夫する

図6　現代の子どもの実態をふまえた学級集団づくりの方針

　不安が強く傷つくことを恐れ，自己決定して他者と協働していくことに苦手意識がある現代の子どもたちのなかで，そのような傾向が特に強い子どもは学習活動にピアフィードバックを取り入れられても建設的に活動することは難しいです。まず抵抗が強く，参加を嫌悪する場合が少なくありません。

　そのような場合は，教師は学習の展開の仕方の検討が必要です。たとえピアフィードバックに参加しても「防衛的な意識」をもちがちになり，フィードバックをするときやフィードバックを受けるときに，非建設的な行動として生起することが多いからです。「防衛的な意識」は自分が傷ついたり・否定されたりすることを回避しようとするために働くもので，おもに次の三つのものがあります（図7）。

> ❶ 自分に都合の悪い人や考え方を否定する
>
> ❷ 高評価を得るために他者の評価を甘くする：厳しいフィードバックをしたら，同様に，自分も悪い評価をされる可能性が高まるので，それをさけるために事前に他者評価を甘くする
>
> ❸ 自分の考えを出さず，周りの大勢に同調する：批判される可能性があるので，自分の意見は出さない，当たり障りのない無難な発言をする

図7　ピアフィードバックでみられる子どもの「防衛的な意識」の代表例

　子どもの「防衛的な意識」とそこからから生起される非建設的行動には，それぞれ傾向があります。ここでは「防衛的な意識」の三つのタイプについて，それぞれ「フィードバックする際」「フィードバックを受ける際」「グループでの相互作用の際」で生起しがちな問題（非建設的な行動）を解説します。

第1章 なぜピアフィードバックか

> 子どもの防衛的な意識
> # Ａタイプ：自分に都合の悪い人や考え方を否定する

　不安が強い人は自分が否定されることを避けるため，自分の存在や考え方や思い込みを正当化する行動をとろうとします。これが確証バイアスです。この傾向が強いＡタイプの行動をとる子どもは他者と活動する際に，「自分を肯定してくれる人やその考え，情報に目がいき高く評価してしまう」「先入観や固定観念が強く，その基準でのみ評価してしまう」「難しい理屈や複雑な背景を理解するよりも，「○○が悪い」「××が原因」といったわかりやすい結論を受け入れがちになってしまう」といった行動をとりがちです。

　つまりＡタイプの行動をとる子どもは批判的思考をする力が乏しく，かつ批判的思考に基づく取組み自体を嫌悪する傾向が強いのです。ピアフィードバックに取り組む際には，次の表2のような問題（非建設的な行動）が生起しがちです（「確証バイアス」「批判的思考」については 15-16 頁参照）。

表2　Ａタイプ（自分に都合の悪い人や考え方を否定する）の問題

---

❶ **ピアフィードバックする際に生起しがちな問題（非建設的な行動）**
- ・相手に対する好悪によって，評価に影響がでてしまう。引き下げが起こる可能性がある
- ・他者の考えをじっくり聞かず，思い込みで評価しがちになる
- ・論理的に深められず，表面的な白黒をつける二択的な評価をしてしまう

❷ **ピアフィードバックを受ける際に生起しがちな問題（非建設的な行動）**
- ・批判的思考に基づく評価をされても，自分が否定されたと感じて感情的になってしまう。考えの相違と，対人関係の好悪とが混同してしまう
- ・自分の思い込みや固定観念を強化するような評価しか受け入れられない
- ・あいまいな評価を，自分の都合のよいように解釈しがちになる

❸ **グループでの相互作用の際に生起しがちな問題（非建設的な行動）**
- ・固定観念の違うＡタイプの子どもが複数いると，感情的に対立が起こりやすくなる
- ・グループの議論を自分の都合のよいように方向づけようとしてしまう
- ・グループの議論の結論を出すのを急ぎ，表面的なものになってしまう

子どもの防衛的な意識

Bタイプ：高評価を得るために他者の評価を甘くする

　自律性が低く不安が強い人は，周りからの自分の評価を高めようと，周りの人に忖度するような行動をとろうとします。この傾向が強いBタイプの行動をとる子どもは他者と活動する際に，「他者からの評価を下げないように，他者に忖度する」「目的に忠実にみんなで高めようという意識が乏しく，感情を優先させて評価をしてしまう」といった行動を取りがちです。

　そのため，Bタイプの行動をとる子どもがピアフィードバックに取り組む際には，次の表3のような問題が生起しがちになります。

表3　Bタイプ（高評価を得るために他者の評価を甘くする）の問題

---

❶ **ピアフィードバックする際に生起しがちな問題（非建設的な行動）**
- ・相手のプラス面はしっかり発言するが，マイナス面には言及せず，公平な評価にならない
- ・目的の達成よりも関係性が悪化しないような評価をしがちになる
- ・論理的に深められず，形骸化した評価をしてしまう

❷ **ピアフィードバックを受ける際に生起しがちな問題（非建設的な行動）**
- ・批判的思考に基づく評価をされると，自分が否定されたと感じてしまい大きく傷ついてしまう
- ・より高めるために改善点をアドバイスされるよりも，現状をプラスに評価されることを期待する

❸ **グループでの相互作用の際に生起しがちな問題（非建設的な行動）**
- ・仲間ボメ（仲間同士でご機嫌をとり合い，みんなでいい気持になる）のような状態になりやすくなる。改善点や違う意見の表明は，憚られるような雰囲気になる
- ・グループの議論が表面的なものになってしまう

第1章 なぜピアフィードバックか

子どもの防衛的な意識

C タイプ：自分の考えを出さず，周りの大勢に同調する

　自分なりの価値基準がもてず自律性が低く不安が強い人は，周りから批判されないように，自分の考えの表明を避けるような行動をとろうとします。この傾向が強いCタイプの行動をとる子どもは他者と活動する際に，「他者から批判されないように，自分の考えや評価をあいまいにしたり，他者に同調したりする」「活動の目的意識が乏しく，形だけ参加しているような消極的なものになる」といった行動を取りがちです。

　そのため，Cタイプの行動をとる子どもがピアフィードバックに取り組む際には，次の表4のような問題が生起しがちになります。

表4　Cタイプ（自分の考えを出さず，周りの大勢に同調する）の問題

❶ **ピアフィードバックする際に生起しがちな問題（非建設的な行動）**
　・評価が一般論であったり，当たり障りのないことに終始していたりして，意味のある評価にならない
　・目的の達成よりも関係性が悪化しないような発言をしがちになる
❷ **ピアフィードバックを受ける際に生起しがちな問題（非建設的な行動）**
　・批判的思考に基づく評価をされると，自分が否定されたと感じて傷ついてしまう
　・批判されないことを期待し，改善点の指摘を前向きに受け入れられない
　・強いマイナス評価をされると，グループ活動に参加しなくなってしまう
❸ **グループでの相互作用の際に生起しがちな問題（非建設的な行動）**
　・論理的に深められず，形骸化した活動になりがちになってしまう。グループの議論が表面的なものになってしまう
　・強い意見をいうメンバーに方向づけられてしまう

31

このようなＡ，Ｂ，Ｃタイプの行動をとる子どもたちは必ずおり，それぞれの特性に応じて確実に個別対応をすることが必要です。そしてＡ，Ｂ，Ｃタイプに準ずるような多くのグレーゾーンの子どもたちもいます。

したがって個別対応と同時に学級全体の子どもたちに対して，現状を改善するような対応を学級集団づくりに位置づけて取り組んでいくことが求められるのです。この対応の骨子は，子どもたちにあるバイアス（偏見や思い込みからくる先入観，思考の偏りや認知の歪み）について理解させ，批判的思考の力を育成していくことです。そして最も大事な点は，子どもたちの間の信頼関係をより強く構築することです。それがなければ，関係性の悪化を懸念して互いのマイナス面について指摘し合うことはなく，高め合いができないからです。

学級の雰囲気に応じて，取り組み方を工夫していく

本書は学級集団の心理的安全性の問題と学校現場の実態に応じて，学級集団のタイプに応じてピアフィードバックを学習活動に取り入れ，子どもたちを「自立的な学習者」に育成する指針を提案していきたいと思います。大きく四つの段階に分かれます。学級集団の心理的安全性の低い順に提起します。

段階①：ピアフィードバックを取り入れる前に，協働学習が展開できる基盤となる学級集団づくりを行う

・防衛的風土の学級集団
・無気力化した傾向の学級集団

このような学級集団の状態では，ピアフィードバックのような協働学習の取り入れは，教育的には逆効果になる可能性が高いのです。まず，学級集団で協働活動が展開できる基盤を形成する学級集団づくりを行うことが必要です。この学級集団づくりの展開を「目標・規律・関係づくり」といいます。学級で協働する意味を子どもたちに理解させ，学級で取り組んでいく目標をみんなで共有させ，他者とかかわる不安を低下させていくのです。

第1章 なぜピアフィードバックか

段階②：ピアフィードバックを取り入れる前に，学級集団の状態に応じて，構成して協働づくりに取り組む

> ・空洞化した傾向の学級集団
> ・形骸化した傾向の学級集団

　これらの学級集団の状態では，ピアフィードバックをそのまま取り入れても形骸化したり動機が低下したりしやすいので，状態に応じて教師が適切に構成して，まずみんなで協働活動ができる行動パターンを形成することが必要です。この学級集団づくりの展開を「協働づくり」といいます。

　不安を抱えながらも，生活班や学習班での協働活動に取り組ませ，協働活動に慣れさせ，協働体験の楽しさやよさを実感させていくのです。

段階③：ピアフィードバックを取り入れる前に，協働学習づくりに取り組む

> ・同一化的傾向の学級集団

　この学級集団は子どもたちから慕われている教師の期待に，すすんで応えようとするリーダー的な子どもたちを中心にまとまり，人間関係にも相互に支え合いもあり良好で，みんなで一体となって行動しています。全体的に子どもたちの学級適応はよく，このような状態を能動的に維持していこうという雰囲気が学級全体にあります。学校現場ではとてもいい学級と評価される状態です。

　ただし，このタイプの学級集団は教師の期待に応えることが大事にされ，個人の独創的な考えや行動はあまり評価されず，少数意見は言い出しにくい面があります。つまり，このような学級集団では同じ価値観を共有した「会話」だけの交流になり，「対話」のある授業は活性化しにくい状態です。ピアフィードバックの取組みの効果も，限定的になりがちになります。まず，「対話」による学習活動ができるように，「協働学習づくり」の取組みが必要になります。

33

段階④：ピアフィードバックを能動的に取り入れる

> ・支持的風土の学級集団

　そのまま協働活動・学習を取り入れても，この学級集団の状態では良好に展開できると思います。協働活動・学習の展開の基本的スタイルに沿って，能動的に計画的に取り組むことが大事です。

段階①〜③での大きな指針は「子どもの不安にどう対応するか」

安全行動と適応行動

　人は，これから悪いことが起きそうだと直感的に感じたときに不安を感じますが，事前にその問題に対処することで先々の災難を避けることができ，そして不安も軽減するのです。つまり不安が喚起されたら，適切に対処行動をすることができれば，不安という感情はむしろ役に立つのです。しかし，不安が高まっても適切に対処行動をとることを回避していると，その行動が習慣化し，不安も強くなります。

　不安の強い人がとる回避・逃避行動を「安全行動」といいます。そして，適切に対処する行動を「適応行動」といいます。不安もあるが少しでも参加する等，社会的・心理的に建設的な状態に至る行動です。

　「安全行動」（回避・逃避行動）は一時的に本人の不安を緩和しますが，その結果，「適応行動」が抑制されるので，時間の経過とともに，生活に支障が生じてくるのです。

子どもの不安を軽減し，行動化を支える枠組み

　従来の学級集団づくりのおもな展開は，教師は子どもたちに学級集団で協働活動・学習する意義や効果を理解・納得させ，期待される行動に取り組ませていくという流れです。子どもはこの流れで取り組んで楽しさや充実感が得られると徐々に自律性が高まり，教師から言われなくても自ら取り組むようになっていくのです。

　「認知」は考え方の癖やものごとの捉え方，思考です。学級集団づくりが良好であるとは，子どもたちが次の図8のような展開になることです。

> 「認知」──学級集団で協働活動・学習する意義や効果を理解・納得する
> 「行動」──期待される適応行動に取り組む
> 「感情」──適応行動をとった結果，充実感が得られたと感じる

図8　良好な学級集団における子どもたちの「認知」「行動」「感情」

子どもたちの主体的な行動化を支援するポイント

　スタンダードな学級集団づくりは，子どもたちが「認知○⇒適応行動○⇔感情○」となるような流れになります。それに対して「協働づくり」から取り組むレベルの学級集団は「認知△⇒適応行動△⇔感情△」になっているのです（空洞化した傾向の学級集団，形骸化した傾向の学級集団）。

　さらに，「目標・規律・関係づくり」から取り組むレベルの学級集団（防衛的風土の学級集団，無気力化した傾向の学級集団）は「認知△×⇒適応行動×⇔感情×」となり，子どもたちはこの不快感情（「感情×」）を低下させるために，適応行動をとるのをやめ（「適応行動×⇔感情×⇒認知×」になっている），安全行動をとるようになっていくのです。

　このとき「認知×⇒安全行動△⇔感情△」となっているのです。一度この形が定着すると，変革には大きな困難をともないます。このような形で定着した「認知」を再び変えるのは，難しいことだからです。

　こういう場合は「認知」を変えようとするより，まず「行動」を変えてみるという方略を用いることも有効です。「行動」の変化を結果的に「認知」に影響させていくのです。取組みとしては，「認知×⇒安全行動△⇔感情△」の状態に対して，やや外的調整に近い形でも「できる範囲で適応行動×⇔感情×⇒認知×」をとるようにさせます。そして，少しずつ「適応行動×⇔感情△」となるように対応を積み重ねていきます。この工夫がポイントです。

　そして，「適応行動△⇔感情△○」を経て，最終的に「適応行動○⇔感情○⇒認知○」をめざしていくのです。このとき子どもの動機は，最初は教師にやらされて行動するもの（外的調整）が，徐々に自律的なものに近づいていくという流れになるように，支援していくことが求められます（「外的調整」については108頁のコラム参照）。

35

TIPS エージェンシーと共同エージェンシー

エージェンシー（Student Agency）：これまでの学習指導要領でも，子どもが自ら課題を発見し，考え，主体的に判断して行動し，よりよく問題解決するコンピテンシーを身につける教育の重要性が示されてきました。それを踏まえて，「OECD 教育2030」はその先の，持続可能な社会の創り手としての子ども像があり，その実現への原動力となるエージェンシーを育成していくことが強くめざされるのです。エージェンシーを身につけてくると，学習者はモチベーション，希望，自己効力感，そして成長をめざす態度を支えとして，ウェルビーイングの方向に向かって，さまざまな場面や活動において，目的意識をもって行動していけるようになっていくのです。

共同エージェンシー（Co- Agency）：エージェンシーの発揮は自律的な行動がとても大事にされますが，OECD がめざすウェルビーイングは，個人だけではなく社会も含め，私たちの望む未来（Future we want）の実現をめざしています。子ども自らの目標設定やその実現は自分たちの欲求の実現にとどまらず，自分たちが所属する社会に「責任（responsibility）」をもつ意識が強調されているのです。自らの目標や実現のための行動が社会にどう受けとめられるのかを，考えたり振り返ったりする能力もあわせて育成される必要があります。したがって，問題解決に向けては自分の考えだけに陥らず協働学習し，社会のルールや規範に照らしながら合意形成され，責任ある意思決定をするなかでエージェンシーの発揮が期待されるのです。共通の目標に向かう学習者が相互に支援し合うような関係性を共同エージェンシーといい，生徒や教師が共同制作者（Co-Creators：共に一つの目標達成に取り組む同志）となったときに，共同エージェンシーは生起するのです。共同エージェンシーの生起により，他者の発想・行動の仕方を学び合っていけるようになります。OECD は，共同エージェンシーによって，共有された目標に向かって学習者が邁進できるように，生徒，教師，コミュニティが相互に協働していくことの大切さを強調しています。

第2章

ピアフィードバックの
理想型をめざす

授業の基盤となる学級集団づくり

安定度も活性度も高い「支持的風土の学級集団」をめざす

　2022年度から「主体的・対話的で深い学び」の授業改善をかかげた学習指導要領が完全実施され，知識伝達型の授業スタイルから，多様な他者と協働活動のなかで積極的に対話して学ぶ授業への転換が求められています[14]。それにともなって学級集団の状態も，期待される要因が異なってきます。従来は知識伝達が効率よくできる学級集団の状態（全体への一斉指導が効率よく展開されるように，私語をせず静かにする・全体で動くルールや型を守って活動する・画一的な行動ができる等）の形成がめざされてきたといえますが，これから期待される学級集団の状態は，学習者の多様性が受容され自律的に協働学習ができるための条件を満たすものです。各自の特性が尊重される学習活動のあり方・対等に平等に率直に考えを言い合える雰囲気等，学習する側の特性に合わせたものです。子どもたちの大きな多様性の担保を前提にして，建設的に協働学習し合える学級集団の状態の形成がめざされます。

　こうした学級集団づくりをするために，学級集団の状態をより詳細に把握することが大事です。協働活動・学習で建設的な相互作用を生む学級集団の状態の必要条件は，子どもの情緒の安定や意欲を喚起・維持する側面である「安定度」と，率直で建設的な思考の交流を支える側面である「活性度」です[15][16][17]。知識習得型の授業では「安定度」の確立がとても重視されていましたが，多様なメンバーとの探究学習が求められる授業では「安定度」が十分に確立されただけではダメで，高い「活性度」の確立が求められるのです。「安定度」と「活性度」の確立度とそのバランスを把握することで，各学級集団の状態の特性を理解が明確になってくるのです。

第2章 ピアフィードバックの理想型をめざす

協働学習にとって理想的な状態
支持的風土の学級集団

安定度 ◀■■■ : ■■■▶ 活性度
（集団の発達段階のめやす「自治的集団成立期」）

学級集団の「安定度」と「活性度」とは何か

　「安定度」とは学級内の児童生徒に一程度の規律（ルール）が共有され，親和的な人間関係（リレーション）が学級内に確立された状態です。これによって学級内の児童生徒の情緒は安定し信頼関係が形成され，学級生活や学習活動，級友とのかかわりの意欲が喚起・維持されるのです。学級内の「安定度」にはレベルがあり，次の5段階が目安になります（表5）。

　「活性度」とは個人の存在や考えが大事にされ，協働活動・学習でメンバー同士が建設的に相互作用できる度合いです。学級内の「活性度」には相互作用する状態と質にレベルがあり，次の5段階が目安になります（表6）。

　学級集団の状態や風土は「安定度」と「活性度」のバランスで特有の性質をもつのです。協働活動・学習で建設的な相互作用を生む学級集団の状態は，「安定度」が⑤安定で，「活性度」が❺創造，❹活用のレベルが期待されるのです。

学級集団づくりの背景にある児童生徒の人間関係の現状

　ただし現代の児童生徒の人間関係に関する現状や課題として，「子どもたちは気の合う限られた集団のなかでのみコミュニケーションをとる傾向が見られる」「相互理解の能力が低下している」「自分の思いを一方的に伝えているにすぎない」「同意や反対の意思を伝えるだけで対話になっていない」などが挙げられています。加えて「子どもたちが自ら仲間やコミュニティを形成する機会が不足しており，等質的なグループや人間関係のなかでしか行動できず，異質な人々によるグループ等で課題を解決することが苦手で，回避する傾向にある」などといった問題点も指摘されています[*18]。そして新型コロナ対策の3年間の自粛生活があり，その後の学校現場で建設的に協働活動・学習ができる状態の学級はどれくらいあるのでしょうか。筆者はその比率は3分の1を割っているのではないかと危惧しています。

第2章 ピアフィードバックの理想型をめざす

表5 「安定度」の5段階

⑤ 安　定：学級の課題に対して，児童生徒全員がリーダーやフォロワーの役割に
　　　　　柔軟につき，役割遂行することができる

④ 固　定：全体行動はできるが，集団主義的な傾向があり，リーダーとフォロワ
　　　　　ーの役割が固定し，児童生徒の間に序列がある

③ 流　動：児童生徒は集団の構成員であるという意識が乏しく，個人の利益が優
　　　　　先され，集団活動での連携が弱く小集団が乱立し，成果もいま一つで
　　　　　ある

② 不安定：児童生徒は集団の構成員であるという意識が乏しく，かつ，学級内に
　　　　　人間関係の軋轢（あつれき），小集団対立があり，学級集団としてまと
　　　　　まることができない

① 混　沌：児童生徒は集団への所属意識が薄く，嫌悪感があり，各自が勝手に存
　　　　　在し利己的に活動しているので，集団の体をなしていない

表6 「活性度」の5段階

❺ 創　造：建設的に相互作用でき，既成の知識を発展させて，新たな発想を生み
　　　　　だせる状態

❹ 活　用：建設的に相互作用でき，既成の知識や方法に新たなものを加えて，応
　　　　　用できる状態

❸ 遂　行：教師から与えられた課題を，指示された通りに，全体で集団活動が実
　　　　　行できる状態

❷ 停　滞：学級内の人間関係は不安定で，教師への抵抗から指示されたことを，
　　　　　素直に実行ができない状態

❶ 不履行：学級内の人間関係が悪く，教師の指示に反発し，指示された通りには
　　　　　実行しない，集団活動ができない状態

41

授業の基盤となる学級集団づくりの3ステップ

　ピアフィードバックを授業に取り入れた場合の教育成果は，学級の人間関係の状態に大きな影響を受けます。そこで学級の人間関係づくりがピアフィードバックの取組みにとって，大きな意味をもつわけです。

　本章ではまず，授業の基盤となる学級集団づくりのポイントを，3ステップに分けて解説します。

1：安定度の準備に向け，「目標・規律・関係づくり」を確実に実施する

2：安定度の確立に向け，「協働づくり」を計画的に継続的に実施する

3：活性度の確立に向け，「協働学習づくり」の取組みを意識的に行う

ステップ1：安定度の準備に向け，「目標・規律・関係づくり」を確実に実施する（44-47頁）

　表5（41頁）の安定度「③流動」のレベルを乗りこえる取組みといえます。新年度に新しいメンバーと進めていく場合の学級集団づくりは，基本的に「③流動」から始めます。子どもたちと一年間の学級づくりを進めていくために，どのような目標やルールを設定するかを共有したり，誰もが学級で不安なく過ごせるための人間関係づくりを行ったりします。

　なお人間関係の不和が大きい「防衛的風土の学級集団：②不安定×❶不履行❷停滞」「崩壊した学級集団：①混沌×❶不履行」では，通常の進め方が難しくなっています。「防衛的風土の学級集団」のステップ1の取り組み方のポイントは第3章（102頁）に解説しています。また「崩壊した学級集団」で必要な対応は，ステップ1とは別次元のものです。詳しくお知りになりたい方は拙著『学級崩壊予防・回復マニュアル』（図書文化）をご参照いただけたら幸いです。

第2章 ピアフィードバックの理想型をめざす

ステップ2：安定度の確立に向け，「協働づくり」を計画的に継続的に実施する（48-51頁）

　表5（41頁）の安定度「④固定」「⑤安定」のレベルをめざす取組みといえます。子どもたちが小集団の活動を通じて学級の雰囲気に慣れてきた頃，中集団や全体集団でも不安なく活動できるようになることを支援する段階です。いくらピアフィードバックに取り組んでも，活動が形骸化したり空洞化したりしてしまう場合は，この段階の取り組み方を見直すことも必要です。

　なお日本の学校現場の学級集団づくりは，この段階の課題（協働づくり）を達成できていないことが少なくありません。ピアフィードバックによる教育成果の向上というだけでなく，子どもたちにエージェンシーや共同エージェンシーを醸成していくうえでも，この段階の取組みは重要です。

ステップ3：活性度の確立に向け，「協働学習づくり」の取組みを意識的に行う（52-54頁）

　表6（41頁）の活性度「❹活用」「❺創造」のレベルをめざす取組みといえます。協働活動に自律的に取り組めるようにすると共に，対話を通した協働学習ができるように支援していく段階です。子どもたちが互いの立場や価値観の違いを理解し，多様性や共存共栄を前提とした取り組み方を学んでいく段階でもあります。建設的な人間関係が確立しつつあるので，授業に対話や批判的思考を活用する場面を積極的に取り入れることも推奨されます。

　ただし，共に人間関係が良好な「支持的風土の学級集団：⑤安定×❹活用❺創造」「同一化的傾向の学級集団：④固定⑤安定×❸遂行❹活用」でも，取り組み方は異なります。最も建設的な人間関係がある「支持的風土の学級集団」は活性度がほぼ確立しており，ピアフィードバックの活動を授業に取り入れやすくなっています。その方法や取組みのポイントは本章（56-71頁）で解説していきます。また活性度の確立に課題がある「同一化的傾向の学級集団」では，ステップ3の取り組み方に工夫が必要です。詳しくは第3章（76頁）で解説します。

43

> 授業の基盤となる学級集団づくり
> ステップ1：安定度の準備に向け
> # 「目標・規律・関係づくり」を確実に実施する

何をするか

　この段階では協働する集団を形成して活動していく意義・意味を，子どもたちに理解させることが目標です。学級集団で協働活動できる集団を形成して活動していく意義・意味を，子どもたちに説明し，そのために必要なかかわる際のマナーやルールを含めて理解させ，小さな協働活動に参加させ，対人不安を軽減させながら，学級集団づくりの形成に参画させていきます。

　2000年ごろまでは，子どもは学校に来たら学級のみんなで授業・活動に参加するのは当然なことと考えられていたと思います。しかし，令和に入り3年間のコロナ自粛を経て不登校の子どもたちが過去最多になった現在，他者とかかわる不安が強い子どもは，学級で協働活動をすることを当然とは考えないだけではなく，協働活動への抵抗が大きいものです。したがって，学級編成後，学級集団でクラスメイトとかかわり協働する前に，オリエンテーションが必要です。

取組み①：目標づくり

　子どもが学級集団に所属する条件や，学級集団で行われる年間の活動内容とその魅力について，教師が具体的に説明し，学級集団に参加し協働活動することの意味や意義を，子どもたちに理解し受け入れられることが必要です。

　そして，どのように学級集団で活動していくのかの学級目標を，子どもたちの願いを取り入れながらつくっていきます。学級集団づくりは担任教師から一方的に提供されるものではなく，子どもたちも積極的に参加してみんなで形成していくものであることを，しっかり意識させていくことが共同エージェンシーへの意識づくりにつながっていくのです。

取組み②：規律づくり

　学級目標を達成するために建設的に親和的に協働活動していくためには，集団活動・生活のシステムや規律を形成し維持することが必要であり，その

ために一人一人が守るべき学級のルールが必要です。これらを子どもたちに理解させ、子どもたちも参加させて学級のルールをつくっていくことが大事です。このような手続きを経験することで、学級のルールは教師が子どもたちを管理するための手段ではなく、みんなで仲良くやっていくための約束になります。このプロセスが、子どもたちの共同エージェンシーの育成に大事なのです。

取組み③：関係づくり

人数の多い学級のなかでは、現代の子どもたちは気後れして不安になり、身近な小グループを形成して（不安のグルーピング）、排他的に行動しがちになります。そこで、学級集内に新たに4人くらいの生活班や係り活動の小グループを設定し、新たなメンバーと一緒にそのなかで行動することで、不安ながらも、「学級のルールに沿って、なんとか行動ができた」という体験を子どもたちに積み重ねさせます。子どもの不安を軽減させ、協働活動に慣れさせていくのです。

このような小グループ活動を何度も実施していくのです。さらに、メンバー構成を替えながら、同じように取り組ませ、ほとんどの学級のメンバーとかかわれるようにしていくのです。4人くらいだと匿名性も生じず、子ども同士で具体的に認め合ったり評価し合ったりすることができます。同時に、物理的に孤立することを防ぐこともできます。小グループのメンバー構成は、子どもたちの特性をおさえ、個々の子どもが不安なく参加できるような構成が求められます。

どのように進めていくか

子ども同士に建設的な相互作用のある学級集団を形成できるかどうかが、授業や活動を展開するうえでの前提条件になります。心理学では、人とかかわる、社会や集団に参加し協同生活・活動するための知識と技術を総称して、ソーシャルスキル（social skills）といいます。ソーシャルスキルは学習によって獲得されます。対人関係がうまくいかないのは、その人がダメなのではなく、ソーシャルスキルが未熟だからです。現代の子どもたちにはソ

ーシャルスキルの学習不足の問題があります。したがって，子どもたちがクラスメイトとかかわる，集団生活を送るうえでの最低限のソーシャルスキルを，共有していくことが大事なのです。

この段階ではピアフィードバックを取り入れるというよりも，小グループでの生活班や係り活動のなかで，「基本的なあいさつ」が確実にできるように取り組ませていきます。

そして徐々に，「話を聞く態度」や「基本的な話し方」等のソーシャルスキルを活動させながら身につけさせていくことが有効です。筆者は，協働学習が展開できる基盤となる学級集団の状態，共同エージェンシーを形成するために，学級内の子どもたちが共有して身につけることが有効なソーシャルスキルを，「学級生活で必要とされるソーシャルスキル（CSS）」として整理しました。以下の2点の公約数を統合したものです（図10）。

---

❶ 親和的で建設的にまとまった学級集団において，児童生徒が活用しているソーシャルスキルの内容

❷ 満足度が高く意欲的に学校・学級生活を送っている児童生徒が活用しているソーシャルスキルの内容

図10　学級生活で必要とされるソーシャルスキルの公約数

CSS は二つの領域のソーシャルスキルから成り立っています（図11）。

配慮のスキル：「何か失敗したときに，ごめんなさいという」「友達が話しているときは，その話を最後まで聞く」など，対人関係における相手への気づかい，対人関係における最低限のマナーやルール，トラブルが起きたときにセルフコントロールしたり自省したりする姿勢，などが含まれたソーシャルスキルです

かかわりのスキル：「みんなと同じくらい話をする」「係りの仕事は最後までやりとげる」など，人とかかわるきっかけづくり，対人関係の維持，感情交流の形成，集団活動に関わる姿勢，など自主的な行動が含まれたソーシャルスキルです

図11　学級生活で必要とされるソーシャルスキルの2領域

第2章 ピアフィードバックの理想型をめざす

　CSS は特定の時間にソーシャルスキルを数時間トピック的に取り入れるのではなく，学級生活や学級活動のさまざまな場面のなかで，日々，体験学習させていく流れが必要です。学級内の日常生活から多様な構成の班単位の活動を取り入れて，小さな協同の場面を日常的に設定して，協働学習が展開できる集団としての土壌を形成していくのです。その学級のハードルの低い場面から繰り返し協同型活動に慣れさせ，子どもたちに協同することの「楽しさ」と「関心」を体感させていきます。その流れで CSS を学習させていくのです。なお，具体的な CSS の内容は以下のようなものです（表7）。

　子どもが自ら友だちとかかわり意欲的に学級生活を送ったり，責任をもって係り活動や学級活動に取り組んだりする姿勢が身につくのには，人とかかわる喜びを体験することが不可欠です。協同活動に自主的にコミットしていく姿勢が身につくのには，集団体験の楽しさ，充実感を体験することが第一歩です。喜びや楽しさにつながる取組みのなかで，そのために必要な人とのかかわり方，行動の仕方を，児童生徒は体験学習していく。教師は CSS のポイントを，体験活動のなかでアドバイスする形で教えていくスタイルが求められるのです。

表7　CSS のカテゴリー[*19]

配慮のスキル	かかわりのスキル
□ 基本的なあいさつ □ 基本的な聞く態度 □ 会話への配慮	■ 基本的な話す態度
◇ 集団生活のマナーの遵守 ◇ 許容的態度 ◇ さりげないストローク	◆ 集団への能動的な参加
○ 対人関係のマナー遵守 ○ 反省的態度	● 感情表出 ● 自己主張
△ 能動的な援助	▲ 対人関係形成行動 ▲ リーダーシップの発揮

授業の基盤となる学級集団づくり
ステップ2：安定度の確立に向け
「協働づくり」を計画的に継続的に実施する

何をするか

　この段階は「目標・規律・関係づくり」で形成された学級集団の土台を前提に，学級での協働活動に取り組むことを通して，子どもたちが小集団から中集団，そして全体集団で，協働活動ができるようになることをめざします。

まずは複数の小集団が連携できること

　学級集団内で子どもたちが小集団から中集団以上になって活動できるようになるには，複数の小集団が連携できなければなりません。学級集団の状態が不安のグルーピングの小集団で固まっている状態では，中集団や全体集団になって行動することはできないのです。学級集団が中集団や全体集団になって活動できるようになる連携を支えるのは，子どもたちに共同エージェンシーがあることです。7，8人以上の中集団や全体集団では匿名性が生起しやすく，自律的な動機の低い子どもは誰も見ていないと責任感が低下する可能性が高まり，結果として協働活動が形骸化していくのです。

レクリエーション活動や役割交流も取り入れる

　「協働づくり」にも，活動する集団の規模によって，段階があります。「協働づくり」の段階の当初は不安が強く，レクリエーション的な活動も取り入れていく，役割交流を主にして緩やかに感情交流を取り入れるなどの配慮も必要です。学級内には自律性が低い動機で活動する子どもたちも多く，個別対応が必要な非社会的・反社会的な行動をとりがちな子どもも一定数存在し，自律的動機で活動できる子どもは30％くらいです。したがって，この段階でも，小グループの「生活班」「係り活動」の取組みは必要条件です。

「協働づくり」の取組みに慣れてきたら

　「協働づくり」の経験を積み重ねてきたら，十分条件として，学年・学校行事への参加，学級全体のイベントに中集団や全体集団を単位に取り組ませていくのです。その際は，教師は事前に目標に向かうマイルストーン（中間

地点）を設定してから取り組ませたり，各役割の意味と行動の仕方について定期的に学習させたりすることが大事です。ソーシャルスキルトレーニングの要素を溶かし込んだ（取組みの活動前の説明−活動後のフィードバックを入れる等），緩やかな取組みへの支援です。ソーシャルスキルトレーニングを直接的に実施するのではないのです。

　そして，自律的に活動できている子どもとほかの子どもたちが一緒になるように組織して，目標・ルールに沿って自律的に活動する流れに，すべての子どもたちを巻き込みながら，学級全体として協働活動ができるようにしていきます。このとき，構成的グループエンカウンターを段階的に取り入れていき，計画的に共同エージェンシーを育成していくことが求められます。このとき用いるエクササイズはかかわりづくりをめざした，共通の趣味や関心ごとに関するものがいいのです。このような展開で学級集団は心理的作用で親和的にまとまっていくのです。

安定度の確立に強い影響力をもつ，三つの心理的作用

心理的作用①：準拠集団（reference group）

　人はある集団に愛着や親しみを感じるなどの心理的に結びつきをもつと，自らその集団に積極的にコミットしたいと考えるようになります。そのようになった集団を準拠集団といいます。協働づくりが建設的に展開できると，子どもは学級集団を準拠集団と思えるようになっていくのです。

　そうなると，子どもは学級集団を準拠集団と感じて，学級集団のなかで大切にされている価値観や行動の仕方を自から身につけていくのです。子どもは愛着をもつ学級集団に同一化して，学級集団内のクラスメイトと同じようになりたいと欲し，クラスメイトの行動や考え方をモデリングするようになるからです。こうして子どもたちは学級の価値観や行動の仕方を共有していくのです。

心理的作用②：集団効力感（collective efficacy）

　自己効力感は（self-efficacy）と同様にバンデューラによって提唱されたものが集団効力感で，「課題の達成に必要とされる行動を系統立て実行する

ための能力に対する集団で共有された信念」です。集団効力感は，個々人の効力感（自己効力感）を集団へ応用した考え方で，次のように学級という集団の集団効力感が高めていくのです。集団効力感が高い学級集団のなかで子どもたちは，「この学級の仲間たちとなら，一緒に頑張れる」「この学級の仲間たちとなら，大きな目標にもチャレンジできる」と思えるようになっていくのです。

心理的作用③：自己有用感（self-usefulness）

人の役に立った，人から必要とされた，そして認められた，という自分と他者（集団や社会）との関係を自他共に肯定的に受け入れられることで生まれる，自己に対する肯定的な評価が自己有用感です。

どのように進めていくか

相互に強いレベルの信頼感がなければ，マイナス面の指摘は生起しない

まず，学級全体の活動を通して子どもたちに一体感を体験させ，その意義をきちんと実感させていくことが大事です。そのうえで，教師は個人の取組みが全体にどう貢献しているのかを定期的に説明したり，全体で協働活動できた意味を具体的に説明したりしてあげることが期待されます。

そして，全体活動のなかに自分の行動を位置づけ，「みんなに貢献できた」「学級のなかで必要とされている」という喜びを体験させ，その意味を実感させ，子どもの自己有用感を高めていけることが大事です。それが自己肯定感につながっていくのです。学級内の子どもたちの共同エージェンシーを強化していくのです。

「協働づくり」の経験も豊富になり三つの心理的作用も生起し，共同エージェンシーが高まってきたら，次の「協働学習づくり」の段階になっていくのです。子どもたちには相互に強い信頼感が生まれてきますから，より高め合うために，相手のプラス面だけではなくマイナス面にも言及し改善案を提起したり，違う意見も言い合ったりすることができるようになっていきます。そうなると，みんなとの一体感だけを大事にするのではなく，自分と相手それぞれの価値観や思いの相違を踏まえ，各自がより高まり，それが結果

として学級集団全体の高まりにつながるような取組みを展開していくことが大事になります。「会話」だけではなく「対話」での話し合いを取り入れていくことも必要です。

他者の行動のプラス面や活動全体から得られた喜びや充実感に注目させる

　「協働づくり」の段階ごとにピアフィードバックの仕方のひな型をつくり，交流させていくことが必要です。最初から習慣化するまでは，他者の行動のプラス面や活動全体から得られた喜びや充実感に注目させて，発言させていくことが期待されます。以下の内容などです（図12）。

・全体活動で建設的な働きをしていた子どもの具体的な行動
・全体活動で得られた喜びや充実感，それが実感できた場面

図12　ピアフィードバックで注目させたい行動や場面

　そして「協働づくり」の取組みも豊富になり，共同エージェンシーが十分高まってきたら，自分の考えや思いを率直に自己開示できるような場面を設定していくことが求められるのです。

51

> 授業の基盤となる学級集団づくり
> ## ステップ3：活性度の確立に向け
> # 「協働学習づくり」の取組みを意識的に行う

何をするか

　この段階では協働する集団での活動に充実感を見いだせるようにして，協働活動に自律的に取り組めるようにし，協働学習できる基盤を形成します。協働する学級集団での活動に充実感と自分なりの意味を見いだせるようにして，協働活動に自律的に取り組めるようにし，対話を通した協働学習の取組みができるようにしていきます。

　協働活動の基盤となる学級集団の「安定度」がある程度確立してくると，子どもたちに共同エージェンシー・相互の信頼感が生まれてきます。同時に，協働活動に自律的に取り組めるようになります。このような状態が，「協働学習づくり」の取組みごろです。

　ただし，この取組みは，「協働づくり」の段階までと比べて，同じような流れでは達成できない難しさがあります。おもに「安定度」の確立をめざす「目標・規律・関係づくり」と「協働づくり」までは，仲間意識や一体感を形成する面があるため，特定の価値観や考え方（特定の言語・文法を用いる），行動の仕方を前提とした会話によるコミュニケーションが主となっていました。ところが，このような取組みだけでは予定調和的な結果に終わってしまい，真のピアフィードバックにはなりません。

　「活性度」の確立をめざす「協働学習づくり」の段階は，個々の子どもの多様性が尊重され，異質な見解や立場や価値観の互いの違いを理解し，そのズレをすりあわせることを目的に行う対話によるコミュニケーションが必要になります。そして，クラスメイトと批判的思考による交流を通した学びが大事となるため，授業のあり方として，教師主導の一斉授業は少なくなり，協働学習の展開が多くなってきます。

第2章 ピアフィードバックの理想型をめざす

活性度の確立に必要な，学級内での「対話」や「批判的思考」

　教師主導の一斉授業は，集団になった子どもたちに効率的に知識を定着させるために展開されます。そのためには，いくつかの条件があります（図13）。

・子どもたちには素直（無批判的）に教師の指導を受け入れる，という姿勢が求められる
・子どもたちには定められた行動の仕方で授業に参加することが期待される（共有しない子どもはみんなから疎外される：ピアプレッシャー）
・教師は子どもたちから信頼されている

図13　一斉授業が効率的に展開される条件

　以上の条件を満たすことが求められます。その結果，子どもたちは教師が期待する態度・姿勢で授業に参加し，教師の説明する授業内容を素直に記憶しようとし，効率よく授業が展開でき，知識の定着が高まるのです。

　教師主導の一斉授業は，実は，特定の価値観や考え方，行動の仕方を前提とした「会話」（「イントロダクション的会話」[* 20]）なのです。知識の習得には有効ですが，与えられた知識をそのまま受容している傾向が強いので，知識を活用する力や創造する力の形成にはつながりにくいという限界があります。知識の習得だけではなく，知識の活用や創造する力を育成するためには，授業に「対話」「批判的思考」のある学習活動を，計画的に取り入れていくことが必要です。「批判的思考（critical thinking）」とは，他者を攻撃する・あら探しをするというようなネガティブな思考ではなく，物事や情報を無批判に受け入れず，多面的に検討し，論理的・客観的に理解することをめざす思考です。

どのように進めていくか

ディベートなど「対話」「批判的思考」のある授業をつくる

　授業を「対話」のある授業とするためには，子どもたちが意識的に仲間集団の文脈を離れて，互いが異質な「他者」のつもりになって「批判的思考」

53

を行い，多面的な検討を行うことが必要となるのです。特定のテーマについて異なる立場に分かれて議論するディベート（debate）は，「対話」のある授業の例といえます。「対話」のある授業では，仲間の間では当たり前の「常識」として省略された意味内容までも言語化し，相手に伝わる言葉で表現しなければならない等，複雑な操作をともなう言語認識が必要となります。このような手続きが子どもの学びを論理的にし，深めていくのです。

プラス面の指摘から始め，徐々にマイナス面の指摘にも取り組ませていく

　真のピアフィードバックは，相手の発言のマイナス面もしっかり指摘していく面があります。それが相手の成長につながると信じられるからです。しかしこれができるのは，学級の子どもたちは共同エージェンシーがあり，相互に強い信頼感があることが必要です。それがなければ，マイナス面を指摘したら相手から嫌われるという不安がぬぐえず，プラス面は指摘できますが，マイナス面は指摘せず忖度するようになるのです。高め合うためにマイナス面を指摘し合うには，とても高いハードルがあるのです。

　共同エージェンシーがあり，相互に強い信頼感がある学級集団は心理的安全性が高いのです。学級集団の心理的安全性が高いレベルになってきたら，他者の行動や全体活動で得た思いのプラス面とマイナス面（改善したほうがいいと思う点）を，丁寧語で発言させていくことが可能になります。最初は，ピアフィードバックの仕方のひな型をつくって，取り組ませていくのも大事です。例えば，以下のような展開です（図14）。

---

❶ 気づいたこと
　「全体活動で自分が充実感や新たな気づきを得られた点は，～～です」。
❷ 問題点・改善点
　「全体活動で今後改善したほうがいいと思ったのは，～～です」
❸ 提案
　「～～のような展開にすると，もっと深まると思います」

図14　ピアフィードバックの仕方のひな型

第2章 ピアフィードバックの理想型をめざす

TIPS 自己調整学習の3要素の関係性

心理学では自律的学習を「自己調整学習（self-regulated learning）」と呼んで研究対象としています。自己調整学習とは学習者が学習過程に「動機づけ」「学習方略」「メタ認知」の考えを取り入れ、行動に積極的に関与する学習です（3要素の説明は00頁参照）。この三つの要素を身につけ、統合的に適切に活用できるのが自律的な学習者です。

図15は自己調整学習の三つの要素の関係性を表しています。「動機づけ」「学習方略」「メタ認知」は相互に影響を与えます。どれか一つでも機能しないと、ほかの要素もマイナスの影響を受けます。例えば望ましい「動機づけ」がなされないと適切な「学習方略」を選択できない、学習活動に「メタ認知」を活用していないと不適切な「学習方略」を取ってしまい、その結果「動機づけ」も不適切なものになるなどです。

自律的に自己をリードする力のことをセルフリーダーシップといいます。自らの意思のもと、状況に対して正しい判断を行い、主体的に行動して自らの方向性を決める力です。セルフリーダーシップを発揮できる人は、「自己調整学習ができている人」と同義です。自律的学習者とはセルフリーダーシップがとれる人であり、自己調整学習者なのです。

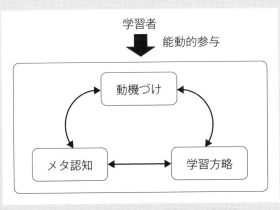

図15　自己調整学習の3要素と関係性

ピアフィードバック活動の成立を支える観点と方法

子ども同士の学習過程に，対話やフィードバックが生まれる要因

　下図（図16）のような学級集団の状態になると，協働学習を取り入れてそれなりに良好に展開できると思います。そのうえで，さらに協働学習の展開の仕方やスキルを高めることができると子どもたちの相互交流はより活性化し，学びが深まると思います。ここからはこのような支持的風土の学級集団（⑤安定×❹活用❺創造）を前提にした，ピアフィードバックの効果的な活用法を解説します。

> 支持的風土の学級集団：学級内の子どもたちは自律性を一定程度もちかつ対人関係の不安が少なく，防衛的な行動をとる必要もなく「対話」のある協働学習に取り組んでいくことができる状態。

図16　支持的風土の学級集団の様相

　支持的風土の学級集団では安定度を支える学級のルールを子どもたちは内在化し，学級全体の協働活動も自律的に活発に取り組めている状態です。安定度がしっかり確立できているので子ども同士の信頼感も一定程度確立しており，次のような取組みもできる状態になっています（図17）。

> ・協働学習のテーマは教師が提案するとしても，「どう取り組むか」「どんなメンバー構成か」は子どもたちに委ねることができる
> ・協働学習テーマの達成に向けて，子どもたちに定期的に自己評価をさせながら，より自分たちの問題意識に沿うように取り組ませることができる

図17　支持的風土の学級集団でできること

第2章 ピアフィードバックの理想型をめざす

　つまり学級内の子どもたちは自律性を一定程度もち，かつ対人関係の不安が少なく防衛的な行動をとる必要もなく，「対話」のある協働学習に取り組んでいくことができる状態になっているのです。このような状態のなかで自己評価にピアフィードバックを取り入れ，自己評価の視点を広げ・深めることで，学習方略の選択も広がり，パフォーマンスが向上することが期待されるのです。そのためには，子どもたちの協働学習の展開の仕方やスキルと，「評価する・ピアフィードバックする力量」をより高めていくことが期待されるのです。

子ども同士のピアフィードバックをどう支えるか

　ここからはピアフィードバック活動の成立を支える方法を，

> ①：活動に取り組むためのレディネス
> ②：活動に取り組むためのスキル
> ③：活動の構成
> ④：フィードバックをする（される）際のルールやマナー

といった四つの観点をもとに，一つずつ解説していきます。

57

> ピアフィードバック活動の成立を支える
> ## 観点と方法①：活動に取り組むためのレディネスの支援

　一斉授業中心の展開から，少しずつ協働学習を取り入れていく流れとして，次のような取組みが有効になります。

先行オーガナイザーを示してから課題に取り組ませる

　オーズベル（Ausubel,D.P.）によれば，学習には「受容―発見」と「有意味―機械的」の２次元があり，その組み合わせで４種類の学習形態（学習指導法）が考えられます（図18）。

　「受容―発見」の次元は，学習内容がどのような形で学習者に伝達されるのかに関係しています。「発見」学習となる指導は，学習者が自らの直観に基づいて仮説を立てて，それを検証していくことを通して学習を進めさせていきます。「受容」学習となる指導は，学習されるべき内容が完成された形で教師から学習者に示され，その内容が受容されていくように学習を進めさせていきます。

　いっぽう「有意味―機械的」の次元は，教師によって提示された学習内容が学習者にどのように受け入れられるかに関係しています。「有意味」学習となる指導は，新しい知識が学習者の既有の知識構造と関係づけられるように，学習を進めさせていきます。「機械的」学習となる指導は，新しい知識と学習者の既有の知識構造とがバラバラであり，学習者は知識を構造化できなくなります。

　協働学習では，学習者にとって「有意味発見学習」となるような展開が求められるのです（図18）。

	受容	発見
有意味	有意味受容学習	有意味発見学習
機械的	機械的受容学習	機械的発見学習

図18　４種類の学習形態（学習指導法）[21]

教師が主導して授業を進める場合でも，必ず「有意味」となるように展開していくことが大事で，その際，先行オーガナイザーの説明が必要です。先行オーガナイザーとは，教師が新しい学習内容と子どもの既有の知識構造とを関連づけやすくするために，学習に先立って，学習内容よりも一般的な情報を呈示するもので，2種類あり，両方の情報提示が求められます（図19）。このような支援が，子どもの学習に対する自律性を高めるのです。

「説明」オーガナイザー：新しい学習内容の構造を示す情報で，モデルや例のように，全体的な枠組みや見通しを与える情報
「比較」オーガナイザー：新しい学習内容と学習者の既有の知識構造とどのように関連するのか，両者の類似点や相違点を示す情報

図19　2種類の先行オーガナイザー

授業のなかに子どもたちで考えさせる部分を取り入れる

　協働学習の前提となる知識と交流の仕方を，子どもたちにしっかり身につけさせてから，その知識と交流の仕方を基にした協働学習・思考の交流をさせるという手続きを行っていくことは，理にかなっています。この取組みを計画的に実施することをめざしたのが「教えて考えさせる授業」です（図20）。「教えて考えさせる授業」は授業を，教師が「教える時間」と子どもに「考えさせる時間」とに構成して，協働学習のやり方を身につけさせながら，学びを深めることをめざします。「教える時間」と「考えさせる時間」の配分は実態に応じて調整して，徐々に「考えさせる時間」を多くできるようにするわけです。

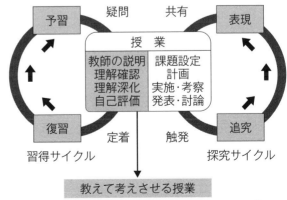

図20　「教えて考えさせる授業」の概念図[*22]

「学習への深いアプローチ」を中心とした展開にする

　「学習の浅いアプローチ」は，学習者に与えられた知識の理解と記憶を促し，「学習への深いアプローチ」は，学習者に知識の理解と記憶にとどまらせるだけではなく，知識を活用し，他者と相互作用し，深い学びを促すのです（表8）。

　深いアプローチは浅いアプローチを内包しているのです。

　「学習への深いアプローチ／浅いアプローチ」は個人の学習スタイルではなく，教授学習の状況に依存します。つまり，教師の授業の展開次第で，学習者たちは深いアプローチをとる場合もありますし，浅いアプローチに終始してしまう場合もあるのです。したがって，学習者が深いアプローチをとるような授業を，教師が提供していくことが大事なのです。

表8　「学習への深いアプローチ」と「浅いアプローチ」の特徴[*23]

深いアプローチ	浅いアプローチ
① 記憶する	❶ 記憶する
② 認める・名前をあげる	❷ 認める・名前をあげる
③ 文章を理解する	❸ 文章を理解する
④ 言い換える	❹ 言い換える
⑤ 記述する	❺ 記述する
⑥ 中心となる考えを理解する	❻ 中心となる考えを理解する
⑦ 関連づける	
⑧ 論じる	
⑨ 説明する	
⑩ 身近な問題に適用する	
⑪ 原理と関連づける	
⑫ 仮説を立てる	
⑬ 離れた問題に適用する	
⑭ 振り返る	

第2章 ピアフィードバックの理想型をめざす

TIPS ＰＢＬ（問題基盤型学習とプロジェクト型学習）

PBL は PbBL（Problem-Based Learning：問題基盤型学習）と PjBL（Project-Based Learning：プロジェクト型学習）の二つに大別され，それぞれの起源は異なりますが，その特徴に類似点が多いことからひとまとめに PBL として扱われることが多いです。

PbBL（Problem-Based Learning：問題基盤型学習）： PbBL は学習者の学習活動の工程が「教師が知識や技能を教える部分」「学習者一人で考える部分」「グループ活動で検討し合う部分」などと，教師によってあらかじめ構造化されています。学習者は教師によって想定された「問題」や「シナリオ」を定められた工程に沿って解決する活動を通して学ぶことになります。学習者は個人学習とグループ学習を往還しながら学ぶので，知識の習得と同時に，グループでの協同性の獲得もできるのです。問題やシナリオは，学習者が自分のこととして捉えられるような課題（authentic problem：現実の社会に存在する現象に近づけられたもの），例えば学習者が住む地域の問題や興味をもつ科学現象などが用いられます。PbBL には定型化されたプログラムが数多くあります。例えば「ラウンド・ロビン」は，課題明示⇒個人思考（各自が自分なりの回答を準備する）⇒集団思考（一人ずつ発表）の手順で構成され，最後にグループで話し合ってより望ましい回答をつくりあげる展開です。授業にこのような定型化されたプログラムを取り入れることで，アクティブラーニング型授業を実施しやすくなります。

PjBL（Project-Based Learning：プロジェクト型学習）： PjBL は，プロジェクト（学習者が計画し現実の生活において達成される目的をもった活動）を基盤として進められる学習方法です。そのプロジェクトの解決に向けてチームで協力し学びを進め，「成果物」を作成する形態をとります。学習のプロセス自体が学習者の実践に委ねられます。成果物は「〇〇に関するレポート」などで，卒業論文の協働作成に近いイメージです。プロジェクトのテーマは教師が提示する場合もありますが，多くは学習者の興味・関心から課題を自身で設定します。PbBL において教師は教師役割を取りますが，PjBL ではチューター（tutor：学習者への学習助言や教授の補佐を行う者）の役割を担うことが多く，学習者の自由度を担保するのです。PjBL はデューイの経験主義やキルパトリックのプロジェクトメソッドが起源とされています。多くの場合，課題解決に向け少人数のグループで協働して取り組みますので，協力する意義の学習にもなるのです。

> ピアフィードバック活動の成立を支える
> ## 観点と方法②：活動に取り組むためのスキルの支援

「協同学習」の既成のプログラムを活用する

　アクティブラーニングは，「協同学習（cooperative learning）」の考え方が基盤になっています。米国では19世紀から取り組まれており，デューイ（Dewey, J.）も積極的に奨励し，米国教育界の中心的な教育実践になっていました。1930年代末，競争による学習が強調されるようになり一時の勢いが低下しましたが，多くの社会問題（移民問題，貧困問題，発達障害の問題等）が噴出し，一斉学習，説明中心の授業の見直しが起こり，1980年代には再び盛んに研究されるようになりました。21世紀を迎えるころからは，大学への導入も盛んになり，講義そのものにも取り入れられたのです[*24]。

　協同学習とは，授業のなかで，小グループを利用して，学習者たちがともに活動し，自身と互いの学習を最大化させる活動，協力して学び合うことで，学ぶ内容の理解・習得をめざすとともに，協同の意義に気づき，協同の技能を磨き，協同の価値を学ぶ（内化する）ことが意図された教育活動です（図21）[*25]。アメリカでは学習者の「知識の習得＋学習する能力の獲得」を協同でめざす技法やモデルが，200以上も開発されています。

　協同学習の既成のプログラムには，話し合い，教え合い，問題解決，図解，文章完成など多くの技法がありますが，それらにはグループの活動性を高め，確かな学習成果を得るための共通する基本的な構造があります。

　「課題明示→個人思考→集団思考」の流れです。

　この基本構造に依拠した最もシンプルな技法がラウンド・ロビン（RR:Round Robin）です。手続きは，右記の通りです（表9）。

　ラウンド・ロビン（RR）とシンク・ペア・シェア（TPS: Think-Pair-Share）の手続は同じで，違うのは人数のみです。表9❸の集団思考の部分が，RRが3人以上のグループで，TPSがペアで行うものです。

第2章 ピアフィードバックの理想型をめざす

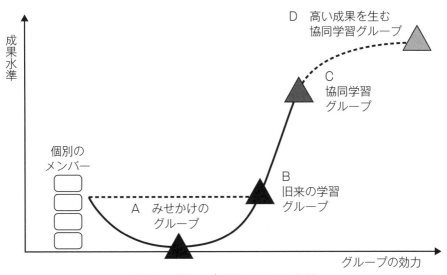

図21　グループの質による成果曲線
（Johnson ら 1984：石田ら 2010 に加筆）

表9　ラウンド・ロビンの展開

❶ **課題明示**：教師がクラス全体に話し合いの課題を提示する	・教師がメンバー全員に，活動の目的そのための手続きや行うべき活動内容を，理解・共有できるように課題を示す
❷ **個人思考**：メンバーは与えられた課題について自分の意見を考える	・課題明示で与えられた課題にメンバー各人が自分なりの意見や考えをもつ（自分の意見をもたずに参加すると，発言できず，他者の意見を聴くだけの受動的な活動になってしまう）
❸ **集団思考**：メンバーをグループにして，1人ずつ自分の意見を，ほぼ同じ時間を使って述べさせ，その後，話し合って課題に対するグループとしての意見をまとめる	・メンバー各人が自分の意見を紹介する・他者の発言を傾聴する。全員の発言が終わった後に，メンバー間の発言内容の異同を確認し，対話を深めていく
❹ **まとめ**：必要に応じてクラス全体で意見を交換する	・より望ましい回答をつくりあげる

学習者のピアフィードバックをする力量を高める

　「自立した学習者」を育成するためには，自分の学習状況を適切に捉え（自己評価），自己改善をし，次の学習に進んでいく力や態度を育成していくことが必要です。学習者は自己評価を通じて，自らの学びを深めていくことができるのです。

　自己評価する力量を高めるために，授業にピアフィードバックを取り入れることで，自己分析力を高め，学習方略の選択も広がり，パフォーマンスを向上させることもできるのです。フィードバックとは相手の行動に対して改善点や評価を伝えることで，ピアフィードバックとは，同じ集団のメンバー同士が対等な関係でフィードバックを行うことです。つまり，ピアフィードバックする力量を高める取組みを通して，学習者の「自己評価する力量を高める」ことが期待されるのです。次のような力量です（図22）。

---

❶ 自分の学習活動の状況を対象化して捉えられる：自分の見方・感じ方（主観）を自分から切り離して，第三者のものとして捉えなおし，見つめなおすことが対象化するということです。客観視や相対化ともいい，意識できていなかった自分の見方・考え方の癖に気づいたり，自分を縛っている考え方の枠組みに気づいたりすることになり，いままでと違う見方・考え方をするきっかけにもなるのです

❷ 評価基準に照らして，自分の学習活動の状況を客観的に捉えられる：評価には対象の何を評価するのかという質的判断の根拠（規準）と目標に対してどの程度であるかという量的判断の根拠（基準）がありますが，最初はルーブリックを使用して基準に沿って評価させていくようにします。規準の側面は教師がルーブリックの項目に入れておくのです。可能なら，最後につけ足しという形で，プラス面についてフィードバックしてもらうといいでしょう

❸ ❶❷を通して目標達成している点について，自己肯定感・自己効力感をもてるように，達成できた取組み方を整理して理解し，さらに高い目標をもてる

❹ ❶❷を通して目標達成ができていない点について，直面でき，意欲を喚起して，改善しようとする

図22　高めたい自己評価の力量

第2章 ピアフィードバックの理想型をめざす

図22の❶❷❸❹の取組みを効果的にするために，ピアフィードバックを取り入れていくのです。具体的には，次の2点です（図23）。

・ピア（メンバー）に対してフィードバックをする取組み：他者の考えを聞いたり行動を評価したりすることを通して，自分の考えや行動に対する自分の視点とは異なる視点を得るなどして，自己評価の視点を広げ・深め，さらなる目標を見いだせる
・ピア（メンバー）からフィードバックをされる取組み：他者からの指摘を受け，自分の考えや行動の間違いや足りない点，異なる視点に気づき，さらなる改善点を見いだせる

図23 ピアフィードバックの活動を取り入れるねらい

以上の2点を建設的な学びとするためには，学習者自身に不安が高まっておらず，グループのメンバーとの間に信頼関係があることが前提です。そのうえで冷静にピアフィードバックすることができたり，ピアフィードバックされたことを建設的に受け取って改善する行動につなげたりすることができるようになるのです。

以上の条件をクリアーすることがとても難しく，その条件を満たした学級では，積極的に取り組んでいきたいものです。ただし，ピアフィードバックの実施目的と，それを達成するための実施する際のルールについても明確にし，メンバー間で徹底して共有していく必要があることはいうまでもありません。学級集団づくりと同様です。メンバー間の信頼感の構築は，常に意識して取り組んでいかなければならないのです。次に，学級集団でピアフィードバックをする取組みを有効にするポイントを提案します。

65

> ピアフィードバック活動の成立を支える
> ## 観点と方法③：活動の構成

　現代の子どもは不安が強い面と対人スキルが弱い面があり，良好な学級集団においても，常に，子ども同士の信頼感を高く維持する取組みは不可欠です。この点を踏まえて，活動を構成するポイントを提案します。

取組みごとに，最初に目的とルールのポイントを明示し，みんなで確認して共有させる

　取組みの目的が「各自の自己評価する力量の形成」にあることは明確に伝えることと，ルールは取り組む内容に応じて，意識すべきソーシャルスキルを明示していくことが大事です。

自己評価シート・ルーブリックを活用する

　子どもの評価規準が学校教育から大きく離れないように，何を，どのように評価するかの枠組みをルーブリックに入れ込み，それを基にして取り組ませるようにします。学習者の自己評価やピアフィードバックの取組みを向上させるものとして，ルーブリックを用いるのも有効です。ルーブリックとは目標に準拠した評価に用いる，学習者が何を学習するのかを示す評価規準と，学習者が学習到達しているレベルを示す具体的な評価基準を，マトリクス形式で示す評価指標です（「ルーブリック」の説明は95頁参照）。

　ルーブリックがあると，何ができているとその評価なのかが明確になるので，学習者が自分の学習の成果を自己評価する際や学習者同士で相互評価（ピアフィードバック）する際の客観性が高くなります。取り組む前にルーブリックを確認させ，これから行う取組みで何ができるようになったら評価が高くなるのかを意識させることで，自律的動機を高めることもできるのです。学習者は学習課題に対する具体的な期待値を事前に把握でき，どのように準備し取り組むべきかを計画することができるからです。

第2章 ピアフィードバックの理想型をめざす

まず本人が自己評価をし，自分にフィードバックをする練習をする

　他者（ピア）にフィードバックを行う前に，まずは自分自身を自己評価し，それを基に，第三者（ピア）にフィードバックする練習をさせます。このときも，自己評価シート・ルーブリックを活用します。自己フィードバックを行うことで自分を客観的に分析する力や，フィードバックされる他者（ピア）の立場や感情を配慮して評価する力が向上するのです。

ラウンド・ロビンの展開でピアフィードバックに取り組ませる

　以下のようなラウンド・ロビンの展開で協働学習に取り組ませることを通して，付随的に子ども個々の自己評価する力を育成していくことも有効です（図24）。

---

❶ 課題明示：教師がクラス全体に話し合いの課題を提示する。教師がメンバー全員に，活動の目的そのための手続きや行うべき活動内容を，理解・共有できるよう説明する。その際，ピアフィードバックの目的とルールについても言及する。

❷ 個人思考：メンバーは与えられた課題について自分の意見を考える。

❸ 集団思考：メンバーをグループにして，1人ずつ自分の意見を，ほぼ同じ時間を使って述べさせる。最小限の質疑応答をする。

❺ 自己評価をし，自己へのピアフィードバック表を作成し，発表する。

❻ 他者評価をし，自己へのピアフィードバック表を作成し，発表する。

　※❺❻で自分の考えを紹介する・他者の考えを傾聴し，全員の発言が終わった後に，メンバー間の発言内容の異同を確認し，対話を深めていく。

❼ 課題に対するグループとしての考えをまとめる。

❽ クラス全体で意見を交換する。必要に応じて各グループの取組みの報告を交換する。

❾ 個人課題に取り組ませる。この取組み後，再度①の課題に対する個人の考えをまとめ，同時に再度，自己評価表をまとめさせる。

図24　ラウンド・ロビンによる協働学習の展開

67

> ピアフィードバック活動の成立を支える
観点と方法④：フィードバックする（される）際のルールやマナー

ピアフィードバックをする際のポイント

　ピアフィードバックは，他者（ピア）の自己評価力を高めることに寄与する目的で実施させます。他者（ピア）からのフィードバックが，自分への批判や非難と受け取られないように，言葉遣いやソーシャルスキルに配慮させて取り組ませることが必要です。この点を踏まえて，ポイントを提案します。

ポイント①：自己評価と自己フィードバックを踏まえて行う

　相手の力量形成に寄与するために行うものですから，その内容や言い方に不快感をもたれてしまっては意味がありません。話し方や指摘の仕方について，ひな型を作成し，それに沿って発表させることも大事です。

ポイント②：ルーブリックに沿って具体的に行う

　「Aさんの発表は良かった」というような大雑把なものではダメで，何が，どのようだったのか，と具体的な内容まで踏み込むように意識してしなければなりません。ピアフィードバックを受けた子どもが具体的に改善できるようにならない指摘では意味がないのです。

　ポジティブなフィードバックは喜ばしいものですが，何が良かったのか具体的に理解できなければ，その場限りで終わり，ほめられた事実しか残らず慢心につながることも危惧されます。またネガティブなフィードバックは不快になりがちで，それの何が不十分で，どの点に改善が必要か具体的に理解できなければ，子どもはそのような指摘をした相手との人間関係が悪くなってしまいます。より具体的な改善の行動につながるように，ルーブリックの項目を，子どもたちも一緒に参加させて作成するのもいいでしょう。

ポイント③：プロセスフィードバックで行う

　一般的なフィードバックは，結果に対して行う総括的評価（期末テスト等）が多いのです。それに対して，プロセスフィードバックは，行動プロセスに対して行う形成的評価であり，結果ではなく取り組み方に対して行うの

第2章 ピアフィードバックの理想型をめざす

です。いま取り組んでいる学習活動をより高めるために，改善して取り組むように動機づけし，新たな良い取り組み方に気づいて行動できるようにするためなのです。したがって，現時点の内容について行うのが原則で，そこに資料のない前の取組みや人格に言及するのはルール違反です。

ポジティブフィードバックとネガティブフィードバック

動機づけに関する知見からは，何かに取り組むときに，人は大きく二つのタイプに分かれることが知られています。成功動機タイプと失敗回避動機タイプで，タイプに応じてフィードバックの仕方を工夫したほうが有効であるとされています。

成功動機タイプは，成功したいから頑張るという人です。このタイプの人にはポジティブフィードバックをすることが有効だといわれています。次のような展開です（図25）。

---

❶ 評価できる行動が何だったのか，詳しくフィードバックする
❷ ❶の結果，どのような良い結果が得られるのか，さらに詳細に伝える
❸ より成果を上げるため，今後は，どのような行動をとるとよいか伝える

図25　ポジティブフィードバックの展開例（成功動機タイプ向き）

失敗回避動機タイプは，失敗したくないから頑張るという人です。このタイプの人にはネガティブフィードバックをすることが有効だといわれています。次のような展開です（図26）。

---

❶ 行動プロセスの問題行動が何だったのか，詳しくフィードバックする
❷ ❶の結果，どのような「わるい結果」が起こるか，さらに詳細に伝える
❸ 失敗しないため，今後は，どのような行動をとると失敗しないか伝える

図26　ネガティブフィードバックの展開例（失敗回避動機タイプ向き）

ピアフィードバックをされる際のポイント

　他者からのピアフィードバックは，本来，自分の学習活動をより高めるために，気づけていない非建設的な考え方や行動の指摘やより効果的な視点や活動方法のアドバイスを得るもので，ある意味ピアサポートなのです。しかし不安が強い人は，そのようには受け取れず，改善点の指摘などは自分が否定されているように感じ，指摘した相手にネガティブな感情を抱いたり，人間関係が悪化したりすることも少なくありません。

　大事なのはフィードバックの内容がポジティブかネガティブかではなく，その指摘を適切に取り入れて，より建設的な行動につなげることができるかどうかなのです。ポジティブな指摘に喜ぶだけや，ネガティブな指摘を受けそれを否定しても，取り組んでいる意味がないのです。本項では，フィードバックをされる側の問題について，対応のポイントを提案します。

ポイント①：他者からのフィードバックを，総括的評価（評定のための評価）や人格の評価のように捉えないようにする

　総括的評価（評定のための評価）や人格の評価のように捉えてしまうのは，フィードバックをしてくれた相手とのリレーションや信頼関係の形成が乏しい（普段から疎遠，考え方が大きく異なる等）ことが想定されます。それがフィードバックされた内容を細かく吟味せずに，表面的に，承認されたのか否定されたのかという，絶対二分割思考（白か黒か，好きか嫌いか等）になってしまっているのです。このような特性は急には変わりませんから，教師ができることは次の３点です（図27）。

---

❶ ピアフィードバックの取組みの前に，人間関係づくりや不安の軽減の取組みを計画的に行う

❷ ピアフィードバックに取り組むグループのメンバー構成を工夫する（軋轢が起こりにくい組み合わせにする）

❸ ピアフィードバックされた内容を，今後継続していく内容と改善していく内容に整理して，具体的な行動にどう結びつけるかを，構成して取り組ませる

　図27　子どもが絶対二分割思考に陥らないために，教師にできること

第2章 ピアフィードバックの理想型をめざす

　以上のように，行動プロセスに対して形成的評価をしっかり行い，現在取り組んでいる学習活動を，さらに改善して取り組むようにしていくのです。

ポイント②：目標レベルを，子どもの特性に応じて適切に設定していく

　フィードバックは目標達成をめざして行われるものですが，目標が実現可能な範囲で検討され，改善案が出されなければなりません。現在の能力では達成が不可能に近い理想的なものを目標として提案しても，達成ができずに意欲だけが低下してしまうからです。そんな状況を回避するためにも子どもの現時点での能力と動機づけのタイプに応じて，実現可能な範囲の目標を設定することが大事です。

　成功動機タイプと失敗回避動機タイプでは傾向が真逆です。成功動機タイプは，目標を現時点での能力よりも大きくとることで，意欲が喚起されます。それに対して，失敗回避動機タイプは，現時点での能力よりも目標を高く設定し過ぎると不安が高まり，意欲が低下してしまいます。したがって，ピアフィードバックに取り組むグループのメンバー構成は，動機づけのタイプを踏まえて考えることが大事です。失敗回避動機タイプの子どもに，成功動機タイプの子どもがよかれと思って高い目標の提案を繰り返すと，逆効果になってしまうからです。

ポイント③：不安が強く自律性が弱い子どもには補助自我的な支援を行う

　補助自我とは支援する人のそばにいて，その人の自発的な活動や内面の感情や本音の表出や明確化を促進する役割をとる人です。補助自我的な支援は自律的に自己選択し自ら行動できない人に対して，そばにいて，次のように動機づけ・学習方略・メタ認知への支援を行います（図28）。

・本人の本音をあえて言ってあげて明確にして，きちんと自分の感情に直面させ，そのうえで，選択する際の視点を明確にして，自己選択を支える
・その人の思いを引き出す
・目標達成ができるまで行動できるようにそばにいて励ます
・適切な行動ができるように伴走しながらアドバイスする

図28　補助自我的な自己調整学習（動機づけ・学習方略・メタ認知）の支援

TIPS 診断的評価・形成的評価・総括的評価

学習評価は，おもに次の三つの時期になされます。

①**診断的評価**：学習指導を行う前に実施する評価。指導を開始する時点で，学習者がどのくらいの学力を有しているかを判断するために実施します。診断的評価の結果を基に教師はこれからの教育活動を計画・実践していくのです。

②**形成的評価**：学習指導の過程において実施する評価。学習活動の過程のなかで実施する，学習プロセスの評価です。学習過程の各段階で「何ができていて，何ができていないのか」についてだけではなく，スキルや態度，学習意欲など幅広い学習成果や取組み方を捉え，学習者が自分自身の学習を振り返り次の学習に生かすことを促すのです。同時に教師にとっても学習者の学習プロセスをより理解することにつながり，個々に適した支援を行うための貴重な情報となるのです。

③**総括的評価**：学習指導の終了時に実施する，ある期間の学習者の学習到達度を判断するための評価です。期間を区切りその最終時点で実施するものであり，学期末・学年末の「5・4・3・2・1」といった評定の根拠とするだけでなく，単元末等に実施して学習者へのフィードバックに用いることもあります。

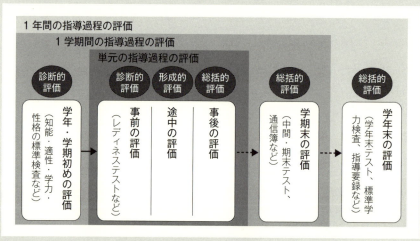

図29　一年間を通した評価の流れ[*26]

第3章

どんな学級でも
取り組むためのヒント

本章（第3章）の活用法

人間関係が支えるピアフィードバックの教育的効果

　協働学習を支える学級集団づくりは，（1）安定度の準備に向けた「目標・規律・関係づくり」，（2）安定度の確立に向けた「協働づくり」，（3）活性度の確立に向けた「協働学習づくり」の3段階で進めていき，特にピアフィードバックはおもに（2）（3）の段階から用い始めます。

　本章では人間関係の不安定さからピアフィードバックなど協働学習の取り入れに課題が多い代表的な学級集団を取り上げ，五つのタイプごとに取組みのポイントを解説します。取り上げるのは「同一化的傾向」「形骸化した傾向」「空洞化した傾向」「無気力化した傾向」「防衛的風土」の学級集団です。また五つのタイプごとに，「防衛意識の強い子ども」（29-31頁）への対応のあり方も解説します。なお，建設的な人間関係が確立している「支持的風土の学級集団」での取組みのポイントは第2章をご覧ください。

学級集団のタイプによって，取り組み方は大きく異なる

　学級集団づくりは，（1）新年度に新しいメンバーと進めていく場合，（2）一度崩れた集団を立て直していく場合で，取り組み方が大きく異なります（図30）。現在の学級の人間関係を見つめたとき，例えば「子ども同士が互いに無関心でかかわりも低調」「おしゃべりが多いなれ合い状態」「たてまえが多くやらされ感も強い状態」「教師の期待に応えることが何よりも優先される状態」という雰囲気であれば，（1）の流れを参考にすることができます。いっぽう崩壊した学級から持ち直す過程にあるなど「揚げ足取り・引き下げがあるギスギスした状態」でしたら，（2）の流れを踏まえることが必要です。子ども同士の人間関係の不和が大きい状況ではピアフィードバックはもちろん，あらゆる協働学習が教育的にマイナスの影響をもつことになりかねません。

第3章 どんな学級でも取り組むためのヒント

どこから読むか

　本章では人間関係の状態が安定している順から，五つのタイプの学級集団について取組みのポイントを解説します。まずは前から順に読み進めていき，学級集団の状態に応じてどのように取り組んでいくか，概要をつかんでみてください。あるいは，学級集団の各タイプの冒頭部分（イラストや人間関係の説明）を眺めて，ご自身が担当している子どもたちの実態に近いところから読まれるのもいいと思います。なお，新年度に新しいメンバーで編制された学級でしたら，まずは96頁からの「無気力化した傾向」の学級集団における取り組み方が参考にしやすいと思います。

（1）「新年度に新しいメンバーと進めていく場合」の取組みの流れ

学級集団のタイプ	取組みの内容
無関心でかかわりも低調なしらけた状態 （無気力化した傾向：③流動×❷停滞）　▶▶▶ 96頁	安定度の準備に向けた「目標・規律・関係づくり」
おしゃべりが多いなれあいの状態 （空洞化した傾向：③流動×❷停滞❸遂行）　▶▶▶ 90頁	安定度の確立に向けた「協働づくり」
ほめあい等たてまえでやらされた状態 （形骸化した傾向：④固定×❸遂行）　▶▶▶ 84頁	
教師の期待に沿い会話の交流に留まった状態 （同一化的傾向：④固定⑤安定×❸遂行❹活用）▶▶▶ 76頁	活性度の確立に向けた「協働学習づくり」

（2）「一度崩れた集団を立て直していく場合」の取組みの流れ

学級集団のタイプ	取組みの内容
対立や軋轢があり所属することが不快な状態 （学級崩壊：①混沌×❶不履行）　▶▶▶ 107頁	協働活動よりも学級崩壊からの回復を優先する
揚げ足取り・引き下げがあるギスギスした状態 （防衛的風土：②不安定×❶不履行❷停滞）　▶▶▶ 102頁	安定度の準備に向けた「目標・規律・関係づくり」
無関心でかかわりも低調なしらけた状態 （無気力化した傾向：②不安定③流動×❷停滞）▶▶▶ 96頁	

図30　学級集団のタイプと取組みの内容

タイプ 1
同一化的傾向の学級集団

安定度 ◀■■■：■■▶ 活性度
（集団の発達段階のめやす「中集団成立期〜全体集団成立期」）

どんなクラス？

例えばどうする？

Keep：継続すべきこと
Problem：課題
Try：改善点

より高め合う視点でピアフィードバックを実施する

◎子ども同士の評価に，教師が根拠や説明を求める
◎ネガティブなことも伝え合えることを支援する

第3章 どんな学級でも取り組むためのヒント

● このタイプの特徴は？

学級集団の特徴：教師の期待に沿おうとする依存的な状態。効率的に全体活動が展開されるが，協働学習は思ったほど深まらない

　タイプ１（同一化的傾向：④固定⑤安定×❸遂行❹活用）の学級集団では安定度が確立し，その確立が不十分な状態の学級集団とは大きく異なり，相対的にとても良好な状態です。安定度の確立には理想的な「⑤安定」に対して，「④固定」があります。学級の子どもたちが全体でまとまって集団活動をしている状態は，二つのタイプがあります（図31）。

---

❶ 子どもたちが自治的に活動している状態（子どもたちが自律的に対等な関係で相互交流できている状態）
❷ 教師や一部のリーダー格の子どもの指示にほかの子どもたちが従っている状態（依存的に活動している状態）

図31　まとまって活動できる状態の学級の二つのタイプ

　図31の❶が「⑤安定」の状態で，❷は「④固定」の状態です。タイプ２（形骸化した傾向：④固定×❸遂行：84頁）の学級集団は❷の「④固定」の状態で教師からのやらされ感が強く，子どもたちの人間関係も上下関係が強くなりがちです。実は同一化的傾向の学級集団も❷のタイプ２（形骸化した傾向）に近いのですが，同一化的傾向の学級集団の教師は指導性と援助性のバランスがよく，子どもたちは信頼して教師の指示に自ら従っている，期待される行動を自らとろうとしているのです。子ども同士も上下関係はあるのですが，上の子どもは下の子どもに対して親和的でサポーティブで関係はとても良好です。とても仲よくまとまった学級集団といえる状態なのです。

　ただし多くの子どもたちは教師やその影響下にあるリーダーの子どもたちに依存して，かれらの期待や指示を自ら受け入れ，学級全体で親和的にまとまって行動している面があります。この状態の学級ではとても効率的に全体活動が展開されるのですが，協働学習の展開は思ったほど深まらないことが少なくありません。

77

**人間関係の特徴：教師に評価される子どもが，意欲的にリーダー的な役割を
　　　　　　　とっている**

　Ａタイプ（違う考え方の人を否定する：29頁），Ｂタイプ（他者の評価を甘くする：30頁），Ｃタイプ（周りの大勢に同調する：31頁）の行動をとる子どもともに同様の傾向が見られ，楽しく活動していると考えられます。特にＡタイプ（違う考え方の人を否定する）の行動をとる子どもは教師に評価され，意欲的にリーダー的な存在として活動していることも少なくありません。

● 何をするか

子どもたちが率直に自己開示する機会を増やす

　特定のリーダーに依存することなく，「協調」「同調」の違いを理解して，自分の考えや思いを意識し，グループ内で率直に言語化できるようになることが必要です。教師は，例えば最初は3，4の選択肢を用意して子どもたちに選ばせるような，発表の仕方のひな型を用いて，子どもたちに取り組ませていくのです。選択した理由を率直に話せるところから始めていくのです。慣れてきたら構成を緩めて（発表の自由度を高めて）いきます。

　協働で話し合ったりピアフィードバックをし合ったりすることで，自分一人では考えつかなかったアイディアを思いついたり，新たなチャレンジがしたくなるような意欲の高まりを感じられたりと，協働活動・学習の良さを実感できるようになり，予定調和的に行動しようとするレベルから脱却できるようになります。その結果，率直に自分の考えを表明することができるようになり，他者の頑張りを認めつつ，さらに相手がより高めるようなアイディアを提供できるようになるのです。

学級活動や授業に「新たな取組み」を取り入れていく

　子ども同士の議論が「対話」になり学級集団で協働学習を展開していくためには，図31（77頁）■の学級集団の状態になることが前提になります。変化が少なく穏やかに安心できる状態に学級が留まっているのは根底に人間関係等に関する不安があり，それを払拭するために一体感のある人間関係に依存している面があるのです。それが個人の独創的な考えや意見の表明，新

たな発想の提案を抑制することにつながっているのです。

　集団の自治性がより高まるためには，新たな取組みに挑戦しようという気運を高めていくことが必要です。班活動や係り活動の振り返りにおいては，今回の取組みで①必ず継続すべき点と，②ほかの取組みを試していく点を発表させ，②の改善方法をみんなで考えさせていくという展開です。②を全体で取り組む場合は，他者の思惑が気になることへの配慮として提案を無記名で紙に書かせて，みんなで投票して選択していくなどの工夫を取り入れてもいいでしょう。クラスの好奇心や向上心が高まるとさらなる成長に向けて，お互いのプラス面もマイナス面も含めて率直にフィードバックし合うことの必要性の理解や必然性にもつながっていきます。

　このような取組みにある程度慣れてきたら，特定の価値観や考え方や行動の仕方を前提とした「会話」による教師主導の一斉授業に，正解のない課題や創造的な発想をだす「対話」を用いた学習活動を計画的に取り入れていくことが求められます。最初はピアフィードバックの仕方のひな型（具体例は80-81頁を参照）をつくって，取り組ませていくのです。

● どのようにするのか

授業で「正解のないテーマ」の学習課題に取り組む

　例えば「地域の30年後の発展をめざして，いまから取り組むべきことを考えよう」というような「正解のないテーマ」を設定して，以下の2点を常に同時に考え，発表させていくという具合です（図32）。

・現在の地域の強みを強化すべきこと
・まったく新しい取組みに挑戦すべきこと

図32　「正解のないテーマ」の学習課題における「対話」の観点

　このような「対話」を用いた学習活動に対して，Aタイプ（違う考え方の人を否定する），Bタイプ（他者の評価を甘くする），Cタイプ（周りの大勢に同調する）の行動をとる子どもともに，いままでの特定のリーダーが仕切ってきた流れと違うので，自分のことを否定されたように感じて抵抗をもち

がちになります。特にＡタイプの子どもはその傾向が強いです。このような状況に対して、「いままでやってきたことを否定しているのではなく、さらにもう一段学びを高めるために必要な取組みであること」を、段階的に「対話」を取り入れた学習に取り組ませながら、しっかり理解させていくことが必要です。

例えば「活動中のピアフィードバック」はこうする

小集団で協働学習（調べ学習や実験等）に取り組ませ、学習過程の各段階で図33の視点で、子どもに自分自身の学習を振り返らせます。

・学習活動への取り組み方
・自分なりに頑張っている点
・グループへ貢献できている点

図33　協働学習で自分の学習を振り返る視点

このとき、事前に作成したルーブリックを用いて取り組ませるのです。その後、メンバーの前で各自の自己評価の発表を行わせます。最後にメンバー同士で感想を言い合うようにさせていきます。

その際、子どもたちの発表が表面的になったり、平均的な評価に留まっていたり、他者への感想が無難なものになっていたら、教師は「参加的リーダーシップ」で上からではなく横からの立ち位置で、そのような点をより具体的に話すように質問していくことが大事です。例えば、図34の具合です。このような話し合いを促し、交流させていくのです。そしてある程度取り組ませたあと、次の取組みを設定します。

・「Ａさんは三つとも自己評価が平均的レベルになっていますが、そうなった理由を、一つずつ具体的に説明してもらえますか」。
・「Ａさんは平均的な自己評価をしているのに対して、ほかのメンバーは『Ａさんは頑張った』と感想を述べていますが、Ａさんの伸びしろはもうあまりないということでしょうか」。
・「Ａさんがもっと伸びるためのアドバイスはありませんか」。

図34　教師の言葉かけの例（参加的リーダーシップ）

第3章 どんな学級でも取り組むためのヒント

例えば「振り返り（区切り）のピアフィードバック」はこうする

　子どもたちに KPT 型の流れでピアフィードバックを展開させて，メンバー同士でディスカッションしながら，メンバー間で今後の行動や改善点について考えることができるようにします。

　KPT 型の流れは，「Keep：継続すべきこと」「Problem：課題」「Try：改善点」で進めていきます。例えば，以下の図 35 の流れです。

---

❶ 司会「今回の調べ学習の発表会の成功のポイントは何ですか？」

Keep：継続すべきこと

「リーダーを中心に，みんなで適切に分担して調べ・まとめることができたこと・チームワークのよさだと思います」（継続すべきこと）

❷ 司会「さらによくするために，改善点があるとすれば何だろうか？」

Problem：課題

「アイディアを出す人・分担の領域を調べる人・まとめる人等，少し役割が固定してきて，マンネリになる心配があると思いました」（課題）

Try：改善点

「次から役割をローテーションして挑戦してみるといいと思います」（改善点）

図 35　KPT 型のピアフィードバックの展開例

　このような取組みで現状の頑張りを十分認めたうえで，現状維持を良しとせず，ほかのメンバーのために，より高め合う視点で改善点について考えが言えるように促すことが大事です。

81

● 「同一化的傾向の学級集団」特有の問題点と改善策とは？

教師は自分の指導観や授業方法の点検を！

　この状態の学級で一番難しいのは担任する教師自身がこのような取組みが切に必要なことを理解し，「対話」を取り入れた学習活動を実行していけるかなのです。なぜならいままでの自分の教育実践の限界を自覚し新たな教育実践のあり方を学び，それを試行錯誤しながら実践に生かすことが必要になるからです。例えば次の取組みです。

取組み①：IRE 連鎖の授業展開を減らす

　ひとつは，IRE 連鎖の授業展開を減らすことです。IRE 連鎖とは，授業中の教師と児童生徒の会話の特徴で，教師の質問（Initiation）で開始され，それに子どもが反応し（Response），それを教師が評価する（Evaluation）という構造です[*27]。

　「I → R → E」の一方向の流れの授業展開です。「対話」のある授業とは真逆の「イントロダクション的会話」の授業でよくみられる形態で，知識伝達型の授業で用いられることが多いのです。教師からなされる質問は，「提示質問（display questions）」と「指示質問（referential questions）」に分けられます（図 36）。

　IRE 連鎖の「提示質問」では，子どもは教師がもっている答えを探す形の思考を促すことになるのです。それを効果的にするために，子どもは教師と同様の価値観や行動様式をもつようになります。これでは子どもたちに創造的な思考は生まれません。

・「提示質問」は教師が答えを知っていて，学習者の理解を試す目的で行うもの。これが IRE 連鎖で用いる質問です
・「指示質問」は教師も答えを知らず，答えを探す目的で行われるもの

図 36　IRE 連鎖における「提示質問」と「支持質問」

取組み②：「隠れたカリキュラム」に注意する

　子どもの意見や行動が「隠れたカリキュラム（hidden curriculum）」にとらわれて窮屈なものになっていないか，点検することも有効です。「隠れたカリキュラム」とは，おもに教師の意識的・無意識的な言動により，知識，価値観，行動様式などが，暗黙の了解の形で子どもに伝達されるものです。形成の流れには次のようなものがあります（図37）。

---

❶ 子どもたちがいろいろな発言をしたとき，教師のもつ答え・価値軸に合致した発言を微笑んで聞いている　そして，それを板書する。教師がもつ答え・価値軸に合致する子どもの発言だけを取り上げて，授業をまとめてしまう。子どもたちはこれらを見て，自分の考えを述べることは評価されず，教師の考える正解を述べることが有効と理解し，隠れたカリキュラムを身につけていくのです
❷ 学級内で日々行われるルーティン的な行動（朝や帰り・授業開始や終了時のあいさつ，自分の意見の発表の仕方や友人の発言の聞き方，互いの努力をねぎらう仕方など）をみんなと一緒に実行する体験を繰り返すことを通して，この行動は評価されることであるという価値が学級内に確立され，隠れたカリキュラムを身につけるのです

図37　「隠れたカリキュラム」が形成される流れの例

取組み③：教師同士のピアフィードバックを通じて自己理解を深める

　これらの取組みは教師の自己省察をともなう難しいものです。誰でも自分のマイナス面を知りたくないですから，一人で振り返り改善することはなかなかうまくいきません。

　したがって，教師も子どもたちと同様に81頁で説明したようなKPT型のピアフィードバックの会を，学年団のチームなどで実施できるといいのです。

タイプ2

形骸化した傾向の学級集団

安定度 ◁■■■：■■□▷ 活性度
（集団の発達段階のめやす「中集団成立期〜全体集団成立期」）

どんなクラス？

例えばどうする？

フィードバックは「協働活動でよくなってきたこと」に着目させる

◎協働して取り組んだプロセスに注目させる
◎例えば認め合いカードやSBI型でフィードバックさせる

第3章 どんな学級でも取り組むためのヒント

● このタイプの特徴は？

学級集団の特徴：ほめ合いなどの建前に終始した，やらされている状態。
人間関係も希薄で，新しい活動への意欲が高まりにくい

　タイプ2（形骸化した傾向：④固定×❸遂行）の学級集団では教師は学級
経営に関する指導を毅然と行う傾向があり，学年当初の時期，学級の目標や
協働活動・学習する意義，教師から明確に示された学級のルールを，子ども
たちは順守して行動することが求められています。学級内には一定の価値軸
（例えば勉強ができる，リーダーシップがとれる等）が存在し，それに沿った
（暗黙の）序列があり，リーダーシップをとる子どもを頂点に，固定され集
団活動・学習に取り組んでいる状況です。子どもたちにはやらされ感が強く
なっている面があります。

　一見静かで落ち着いた学級にみえるのですが，学級生活を送っている子ど
もたちの意欲には差がみられ，教師による評価の高低に影響も受けがちで，
その差は大きい状態です。子ども同士にも距離があるなど人間関係の希薄さ
があります。

　学級全体で子どもたちは集団活動をしていますが協働活動というよりも，
教師の指示や定められた課題を遂行している状態です。子どもたちは教師の
評価を気にし，その指導に畏怖の念を抱く傾向があるので，自分の本音を出
すよりも教師から期待される考え方や行動をとる傾向が見られます。それが
従うべき学級の建前になっており，心理的安全性は低いです。

　このようななかでやらされ感が強くなり教師の指導に欲求不満が高まって
くると，自らやろうとする自律的な動機はさらに低下して，創造的な活動を
しようという意欲も低下してきます。子ども同士の関係性にも距離があり活
動で意欲が喚起されることも少なく，学級全体の活気が低下しがちです。

　このような状態に対して教師が子どもたちを叱咤して能動的に活動させよ
うとすると，さらに悪循環につながっていく可能性が高まります。学級で協
働活動を設定しても，教師が期待する正解や行動の仕方を探して対応しよう
とする傾向，やらされ感があるので，活動中にピアフィードバックを取り入

85

れても，ほめ合いなど建前に沿った行動に終始してしまうことが少なくありません。Bタイプ（他者の評価を甘くする：30頁）やCタイプ（周りの大勢に同調する：31頁）の行動をとる子どもはこの傾向が強いです。

人間関係の特徴：子どもの行動が二極化（教師の発言や行動に対して積極的か消極的か）し，学級に階層的な人間関係ができ始める

　子どもたちは緊張感が強くなり共同エージェンシーも高まらず，教師の期待に応えられるレベルによって，子どもの活動意欲とそれに基づく行動もバラツキが出てきます。教師の出す課題に積極的に挙手をして発言していく一部の子どもたちと，自ら発言もせずに教師やリーダーの子どもに従うだけの消極的な子どもたちにと二極化し始め，学級はピラミッド型の状態になっていきます。学級全体の活動も低調気味になっていくという具合です。

　Aタイプ（違う考え方の人を否定する：29頁）の子どもは教師から評価されると，積極的にリーダーとして行動する傾向があります。しかし否定されたり評価が低かったりすると，徐々に教師に反発するようになっていきます。BタイプやCタイプの行動をとる子どもは，意欲が低下し，その特性が顕著になっていきます。

TIPS　参加的リーダーシップ

　参加的とは，「ああしなさい，こうしなさい」と上から指示を出すのではなく，「自分たちでやってみよう」という子どもたちの気運を大事に，教師も学級集団のいちメンバーとして参加する形をとり，リーダーシップをとっている子どもたちをさりげなくサポートして，集団のまとまり，活動の推進を陰で支えていく対応です。学級集団づくりでは最初バラバラだった個人たちが学級集団として発達・成熟していくために，教師は「教示的→説得的→参加的→委任的」といったように，リーダーシップを切り替えていくことが必要です。集団の発達段階に応じて四つのリーダーシップを切り替えていく展開については，拙著『学級集団づくりのゼロ段階』（図書文化）等を参照いただけると幸いです。

第3章 どんな学級でも取り組むためのヒント

● 何をするか

子ども同士の受容的なピアフィードバックの機会を増やす

　子どもたちが小集団活動のなかでいろいろな役割を体験し，自分の役割や課題を遂行するだけではなく，認め合いカード等を用いて自分の考えを言えたり，グループの協働性が高まる行動を少しずつできたりするようになり，成果に寄与できるようになることが大事です。

　教師や周りのクラスメイトからの評価が高まるようにしっかりやれるだけではなく，自分の行動が周りのメンバーからの率直で受容的なフィードバックをたくさんもらうことによって，自分の興味を大事にして取り組めることをめざします。その結果，他者評価を気にし過ぎたり不安から周りに同調したり，自分の気持ちを抑えて建前だけで行動することも少なくなり，自分の思いを自己開示できる子どもも出てきます。

　こうした受容的なピアフィードバックが生起する流れを教師は意識して大事にして，学級内に広げていくのです。この流れは子ども同士が真に支え合い，学び合いができることにつながっていきます。子ども同士が建設的にピアフィードバックができる基盤が形成されていくのです。

協働活動を通して，子ども同士の人間関係の深まりをめざす

　「協働づくり」の取組みを，「目標・規律・関係づくり」段階の特に「関係づくり」を踏まえて，展開させていきます。協働活動を進めるなかで，子どもたちの人間関係をより形成していけるようにするのです。ポイントは次の点です（図38）。

・協働活動が課題を達成するための取組みだけにならないようにする
・活動の振り返りに，認め合いの場を設定して承認感を高めるようにする

図38　「協働づくり」の取組みを通じた「関係づくり」のポイント

87

● どのようにするか

振り返りを通して「取り組んだプロセスに対する認め合い」をうながす

振り返りは「結果に対する反省会」ではなく,「取り組んだプロセスに対する認め合いの会」となるようにします。これを踏まえてピアフィードバックを取り入れる場合は認め合いカードなどを用いて,リーダー以外でふだん目立たない子どもたちの取組みも注目されるようにして,そのプラス面や頑張りを認め合えることが大事です。

例えば認め合いカードを使い,SBI型でフィードバックさせます(図39)。

みんなに対して -----

♣リードした──♠アイディアを出した──◆つないだ──♥励ましました

　　○○さんは今日の司会で

Situation：状況「♣みんなをリードしていたと思います」

Behavior：行動「積極的に流れをつくる発言をしていたからです」

Impact　：影響「みんなの話す量がとても増えました」

図39　SBI型フィードバックのための認め合いカードの例)

この流れで発表させることによって,内容が具体的になり深まります。

このタイプの学級では子どもたちの力量育成で,能力の高いできる子どもがリーダーとなり,小集団活動を通して周りの子どもに定着の徹底をめざす形になっている傾向があります。課題達成のための集団活動になっています。そのため取組みを通したメンバー間の対等な共同エージェンシーが形成されにくく,結果を出せていない子どもたちは,自律的な動機で取り組む意欲が喚起されにくいです。そこで集団活動では,役割をローテーションさせて体験学習できるようにします,さまざまな役割の体験を通して他者を認める視点を広げ,かつ他者から認められる機会も増えるようにしていくのです。役割活動を通して能動的にいろいろなメンバーとかかわり合い,すべて

のメンバーの頑張りに気づけるようにすることで，子どもたちの共同エージェンシー形成を促進していくことが必要です。

例えば「活動中のピアフィードバック」はこうする

　小集団で構成した協働活動に取り組ませ，途中の節目で振り返りの場を設定し，子ども同士で，活動の成果だけではなく，以下について，事前にしっかり項目建てして，司会などの役割分担を決めて（いつも同じリーダー格の子どもが仕切る形にならないように）取り組ませます（図40）。

---

❶ リーダーだけではなくすべてのメンバーの頑張り

❷ 協働活動でよくなってきたこと

図40　振り返りの内容

　教師はその振り返り活動をそばで，参加的リーダーシップで支えます（「参加的リーダーシップ」の用語説明は86頁のTIPS参照）。教師自身が出すぎないようにし，司会のリードを応援したり考えの交流などをつないだり子どもの発言を促したりして，自分たちでやり切らせていきます。大事な点はしっかりやらせることではなく，子ども同士の認め合いの輪が広がり・深まるように，楽しくポジティブフィードバックができるようになることです。

例えば「振り返り（区切り）のピアフィードバック」はこうする

　小集団活動のなかで，ほかのメンバーの活動のなかでの協働性が高まるような「適応行動」に気づくことができ，認め合いカード等やピアフィードバックの仕方のひな型を用いて，グループ内で発表できるようにします。慣れてきたら構成を緩めていきます。子どもたちが振り返る内容は図40の❶❷と同様でいいのです。

　タイプ3（空洞化した傾向：90頁）とタイプ④の学級集団では子どもたちが協働活動に慣れてきたら，小集団のメンバー構成を替えて数回取り組ませ，最終的に，学級内のクラスメイトたちとは不安なくかかわれるようにしていきます。

タイプ3

空洞化した傾向の学級集団

安定度 ◀━━━━:━━━━▶ 活性度
（集団の発達段階のめやす「小集団成立期～中集団成立期」）

どんなクラス？

例えばどうする？

ピアフィードバック活動の「構成を工夫」し，「ひな型」も用意する

◎自己開示ができる子どもを教室に増やしていく
◎振り返り活動を「参加的リーダーシップ」で支える

第3章 どんな学級でも取り組むためのヒント

● このタイプの特徴は？

学級集団の特徴：関係のないおしゃべりに終始したなれ合いの状態。嫌われ
ないための同調行動が蔓延している

　タイプ3（空洞化した傾向：③流動×❷停滞❸遂行）の学級集団は，学年
当初の時期，学級の目標や学級のルールについて担任教師からの明確な行動
の指針が乏しく，学級全体のまとまりとリレーション形成の取組みに不十分
さがあり，子どもたちは学級内でどのように立ち振る舞えばいいのか戸惑
い，不安が高まっています。それに対して子どもたちは身近なメンバーたち
と小グループを形成し，一体的に活動することで安心感を得ている状態で
す。不安のグルーピングです。子どもたちには学級全体という視点が乏し
く，学級集団に関する取組みよりも閉じた小グループの関係を優先して活動
しています。かかわっている小グループ内のメンバーとの人間関係には気を
使っている状態です。

　クラスメイトたちと協働活動をしようという意識は乏しく，不安もあり，
学級のなかで変に目立って批判されないように自分を出さないようにしてい
る傾向があります。小グループでなれ合いの状態で固まっていようとし，そ
れ以外のクラスメイトには無関心です。その反面，小グループが居場所です
から小グループのメンバーたちと良好な関係を維持し，嫌われないようにメ
ンバーたちに同調する考え方や行動をとらなければならないという意識で行
動しています。したがって，小グループ以外のクラスメイトと「生活班」
「係り活動」の取組みを一緒にさせられたとき，そのかかわりは表面的にな
り，自分事として取り組むこと・グループ全体の成果を高めようと行動する
ことは少ないのです。つまり，この状態で協働活動を設定しても，協働への
コミット度の乏しい空洞化したような状態になってしまうのです。

人間関係の特徴：小グループの内と外のクラスメイトとのかかわり方に大き
な差があり，徐々に排他的になっていく

　協働への取組みが空洞化したような状態になっているので，単に活動中に
ピアフィードバックを取り入れても，照れや不安を隠すために，関係のない

91

おしゃべりに終始してしまうことが少なくありません。

　Ａタイプ（違う考え方の人を否定する：29頁），Ｂタイプ（他者の評価を甘くする：30頁），Ｃタイプ（周りの大勢に同調する：31頁）の行動をとる子どもともに同様の傾向が見られます。さらに，Ａタイプの行動をとる子どもはほかの子どもたちを思い通りに仕切ろうとすることもあり，そこに随時介入していくことも大事です。

● 何をするか

安易な同調や安全行動より，適応行動に価値があることを味わわせていく

　不安のグルーピングではない小集団のなかで，活動するルールと取り組み方を明確に構成した短時間の協働活動を設定し，不安ながらも「適応行動」で行動できるようになることです。教師から与えられた課題（「適応行動」が伴う活動）に少しやらされる形でも定期的に取り組んでいるうちに，取組みの要領を理解し，不安も少なく習慣的に取り組めるレベルになるのがこの段階の目標です。

　いろいろなメンバーと取り組めるようになってくると，不安から周りに同調したり自分の気持ちを笑いでごまかしたりすることも少なくなり，自分の思いを自己開示できる子どもも出てきます。この流れを教師はサポーティブに見守り，学級内に広げていくことが大事です。

活動の不安を低減しながら「新たなグループ」で取り組ませる

　「生活班」「係り活動」の小グループの構成は，不安のグルーピングでくっついているメンバー以外で構成します。そして「協働づくり」の取組みを「目標・規律・関係づくり」段階の説明を具体的にして添えて，展開させていきます。「新たなグループ」で活動させるポイントは次の点です（図41）。

・不安を和らげるためレクリエーション的な活動を取り入れる
・行動の仕方のひな型を役割ごとにつくり，役割交流を主にして活動させる
・取組みに際しては，ソーシャルスキルを教えてから取り組ませる

図41　「新たなグループ」で活動させる際のポイント

第3章 どんな学級でも取り組むためのヒント

● どのようにするか

ピアフィードバック活動の「構成を工夫」し，「ひな型」も用意する

　ピアフィードバックの仕方の詳細なひな型を作成し，細かく構成してピアフィードバックを取り入れます。ポイントは次の点です（図42）。

・ピアフィードバックの内容は用意した3，4択から選ばせて発表させる。「私は②の〜と思います」「その理由は⑦の〜です」のように，自分の考えや思いを取り入れるのはOKです。選択肢はプラス面に焦点化したものにします
・ダレないように活動は短めにする
・やり切った体験を積み上げていくようにする
・習慣的にできるようにして，活動の不安を軽減していく
・多くの子とかかわれるように役割，メンバー構成はローテーションする

図42　タイプ3の学級集団で，ピアフィードバックを取り入れる際のポイント

例えば「活動中のピアフィードバック」はこうする

　不安のグルーピングではないメンバー構成での小グループで，構成した協働活動に取り組ませ，途中の節目で振り返りの場を設定し，子ども同士で，以下について各自で振り返らせ，発表させます（図43）。

---

❶ 活動の進み具合や様子（できている点や苦戦している点等）
❷ 活動で良くなってきたこと
❸ 頑張っていたメンバーの取組み　　　　等

図43　振り返りの内容

　こうして振り返りの内容は事前にしっかり項目だてしたうえで，司会などの役割分担・進め方のマニュアル（話す時間，話し方のひな型等）を示して取り組ませます。さらに教師はその振り返り活動を，参加的リーダーシップで支えます。司会のリードを応援したり，考えの交流などをつないだり，子どもの発言の意味づけをしたりして活性度を高め，自分たちでやり切らせる体験を積み重ねてさせるのです。

93

このような取組みを繰り返すことによって，個々の子どもが自分の活動を俯瞰して振り返っていけるように支えていくことが大事です。

例えば「振り返り（区切り）のピアフィードバック」はこうする

　不安のグルーピングではない小集団のメンバー間で，ほかのメンバーの活動のなかでの「適応行動」に気づくことができ，3，4の選択肢を用意したピアフィードバックの仕方のひな型を基に，グループ内で発表できるようにします。例えばABCDの4段階のルーブリックを示したうえで，次のように発表させていきます。

　○○さんはルーブリックではBだと思います。その理由は，自分がやるべき役割以上に，丁寧にほかのメンバーの遅れを手伝うなど，グループ全体に貢献できていたと思うからです

　慣れてきたら3，4の選択肢のなかに「自分なりの考えの表明」を入れたり，徐々に選択肢を無くしていって自由に発表させたりするなど，集団活動のひな型の枠組みの構成（〜しなければならないというルール）を緩めていきます。その結果，例えば「○○さんに頑張り賞を送りたいと思います。それは，みんなが気づかなかった活動の遅れに気づき，さりげなくやってくれていたからです。私はそれがわかったとき，とてもうれしかったです」という具合に，ふだん目立たない子どもも注目され，子どもの自己開示が表出されるようになっていくのです。

　子どもたちがこのようなピアフィードバックの「適応行動」に取り組むことができたら，教師は短く，例えば「クラスメイトの励ましの言葉はグループ全体をあたたかくするね」と自己開示的に意味づけていくと，子どもも「適応行動」の価値や必要性に気づいていきやすいのです。

第3章 どんな学級でも取り組むためのヒント

TIPS　ポートフォリオとルーブリック

ポートフォリオ：ポートフォリオとは，学習者が自ら作成した作品や学習活動の記録（レポート，小論文，アート作品，プレゼンテーション資料等）を集めたものです。自分の学習過程を振り返ることで，自身の成長と変化を具体的に追跡でき，自己認識が向上し学習に対する主体性が高まるのです。

ルーブリック：学習者の自己評価の取組みを向上させるものとして，ルーブリックを用いるのも有効です。ルーブリックとは，目標に準拠した評価のための「基準」つくりの方法論です。学習者が何を学習するのかを示す評価規準と，学習者が学習到達しているレベルを示す具体的な評価基準を，マトリクス形式で示す評価指標です（図44）。ルーブリックは，何が出来ているとその評価なのかが明確なので，学習者が自分の学習の成果を自己評価する際に客観性が高くなります。取り組む前にルーブリックを確認させ，これから行う取組みで何が出来るようになったら評価が高くなるのかを意識させることで，自律的動機を高めることもできるのです。学習者は学習課題に対する具体的な期待値を事前に把握でき，どのように準備し取り組むべきかを計画することができるからです。さらに，学習者たちは学習内容を捉える視点がルーブリックに明確に示されるので，考え方・学習の仕方のポイントを共有することができ，学習チームが形成しやすくなり，協働学習を促進することができるのです。

	4	3	2	1
文章力	文章の構成がよく，句読点など表記のルールに沿って書けている	文章の構成はよいが，表記ミスが見られる	表記のルールに沿っているが，校正に課題がある	文章の構成と句読点など表記のルールに課題がある
内容	3に加えて解決策まで提示している	2に加えて独自の考察を加えている	テーマと内容が合っている	テーマと内容が合っていない

図44　ルーブリックの例（レポート課題）

タイプ 4
無気力化した傾向の学級集団

安定度 ◁▭▬▬▭▭:▭▭▭▭▷ 活性度
（集団の発達段階のめやす「小集団成立期」）

どんなクラス？

例えばどうする？

フィードバックを通して「適応行動」を少しずつ増やす

◎役割活動を通して，新しいメンバーとも活動させる
◎課題に対して「適応行動」で取り組めた点を個人的にほめる

● このタイプの特徴は？

**学級集団の特徴：相互に無関心でかかわりも低調なしらけた状態。傷つかな
　　　　　　いための回避・逃避行動が頻発し，無気力感に満ちている**

　タイプ4（無気力化した傾向②不安定③流動×❸停滞）の学級集団は，タ
イプ3（空洞化した傾向：③流動×❷停滞❸遂行：90頁）の学級集団よりも
深刻になった状態です。集団活動に際して，タイプ3（空洞化した学級集
団）の子どもたちは「取り入れ的調整」（みんなにバカにされないように活
動する）ですが，タイプ4（無気力化した傾向の学級集団）の子どもたちは
「無動機」に近くなってしまい，行動しようとはしません。「どうせやっても
うまくできない」「このメンバーとはどうせわかり合えない」という，繰り
返しの体験からもってしまった学習性無力感が高まっているのです（「取り
入れ的調整」「無動機」については108頁コラム参照）。

　集団活動の取組みにブレーキをかける感情は，非建設的な行動をとること
を促します。例えば教師がみんなで集団活動に取り組むことを指示しても
「周りのメンバーとトラブルが起こりそう」「うまくできないとバカにされそ
う」と不安になり，「つまらないからやらない」「勝手に本を読んでいる」と
いうような回避・逃避行動をとることが多くなります。「安全行動」です。
不安の強い人が「安全行動」をとるとき，本人は「自分の心の安全確保に効
果的である」「よい結果に結びついている」と思っているのですが，長い視
点でみると，結果的に逆に不安を大きくしたり「信用できる人以外の人とは
かかわってはならない」というような強迫的な信念（〜しなければならない
思考）を強めたりする悪循環に陥ってしまいます。繰り返しますが，「安全
行動」は一時的に本人の不安を緩和しますが，回避・逃避行動が何度もなさ
れることで，建設的な生活の仕方の獲得や発達課題達成の促進[28]につなが
るような「適応行動」が抑制されてしまうため，生活や発達面に支障が生じ
てしまいます。

　つまり，この状態の学級集団は「適応行動」である協働活動・学習に参画
することが期待されるのに対して，子どもたちに共同エージェンシーが育成

されていないだけではなく，逆に対人不安や学習性無気力感が高まって，子どもたちは自己中心的な行動を「安全行動」が定着してしまっているのです。

　こうなった背景に学年当初に「目標・規律・関係づくり」の取組みが不十分だったことが挙げられます。学年当初の時期から1，2か月，学級内の行動指針があいまいな状況があったり協働するルールの確立が不十分な面があったりして，子どもたちはどう動いていいかがわからず，かかわり合いがとても乏しい状態になっていました。そのようななかで子どもたちは相互に警戒し合い，徐々に不安，欲求不満も高まっていき，学級集団は混沌とした状態になったのです[*29]。一部には不安のグルーピングをしている子どももおり，一人で独自なことをしている子どもも一定数います。そしてそのようなクラスメイトの様子に互いに無関心になっているという，支え合い・学び合いがまったくないような，教育活動も授業もかなり停滞した状態です。教育的な環境とはいえません。

人間関係の特徴：真面目な子どもは学級集団の少数派となり，ますますやる
**　　気を失っている**

　Ａタイプ（違う考え方の人を否定する：29頁），Ｂタイプ（他者の評価を甘くする：30頁），Ｃタイプ（周りの大勢に同調する：31頁）の行動をとる子どもともに同様の傾向が見られ，不安のグルーピングで形成された小集団で活動するようになります。注意が必要なのはＡタイプの行動をとる子どもが小集団を思い通りに仕切って，学級内に不満分子のグループを形成して自己中心的な活動していくことです。周りの子どもたちはそのような行動をたしなめることも少なく逆に同調することもあり，学級は大きく荒れてくる場合があります。このような流れに早期に対応していくことが不可欠です。

　この対応が不十分になると少数になった学級内の真面目に行動している子どもたちも学級に対してあきらめ感が強くなり，いよいよ学級は学習性無気力感に満ちた状態になり，不適応になる子どもも増えていきます。そして一部の真面目に行動している子どもたちも学級経営に対して無力な教師に不信感をもつようになっていくと，教師のリーダーシップは急速に力を失っていくのです。

第3章 どんな学級でも取り組むためのヒント

● 何をするか

個々の非建設性の背景に，「安全行動」の定着があることをおさえる

　学級で協働の活動を設定して取り組ませること自体が難しい状態です。本来の学級規律の枠組みのなかで，子どもたちは自己中心的な「安全行動」をとることが定着してしまっているのです。

「適応行動」の価値や達成感を味わわせながら，少しずつ活動させていく

　集団活動の枠組みの下で，教師から与えられた課題に対して「安全行動」でやり過ごすのではなく，自律的な動機ではなくても個人的に「適応行動」で取り組むことができ，自分なりにやり遂げられることをめざします。

　教師から与えられた課題（「適応行動」が伴う活動）に嫌々でも定期的に取り組んでいるうちに，少しずつ不安が軽減して習慣的に取り組めるレベルをこの段階の目標にします。このような取組みにも「意味がある」ことを教師からフィードバックされることで，少しずつ「自分なりに『安全行動』だけではなく，できるところから『適応行動』をとっていこう」という意識が高まり，行動するようになります。教師は達成レベルを高めすぎたり成果を急ぎすぎたりしないようにし，サポーティブに対応していくことが求められます。

● どのようにするか

まずは「個人活動」，慣れてきたら「ソーシャルスキル＋小グループ活動」

　このような状態の学級集団では，単に活動中にピアフィードバックを取り入れてもしっかり取り組みませんし，意味をなしません。まずは短時間でも「適応行動」となる活動（例えば，やる内容や仕事量の定まった係の作業等）に，個人活動で取り組ませ，その体験を積み上げていくことが必要です。子どもたちはかかわり合うことで不安が強くなるので，しばらく計画的に距離をとらせるのです。

　個人活動での取組みがある程度経験でき少し落ち着いてきたら，小グループ（不安のグルーピングではないメンバー構成）で役割行動を主とした「適

99

応行動」の取組みを取り入れていきます。その際，活動の手順・流れを明確にし，活動前後のあいさつ，役割に応じた話し方・聞き方などのソーシャルスキルを教え・確認し，最低限のソーシャルスキルを実施していけるようにします。構成された役割活動に参画させて，まず最低限の対人関係をもたせ，そのなかでソーシャルスキルを発揮する体験をさせていくのです。

そして慣れてきたら少しずつ時間を増やし内容のレベルを上げていき，タイプ３（空洞化した傾向：③流動×❸遂行❷停滞）の学級集団の段階のピアフィードバックの取組みにつなげていきます（図42：93頁）。

大事なのは，緩やかに，短く，低いハードルで気楽なかかわり方の活動を小さく積み重ねていくことです。最初は抵抗や取り組み方が雑でも細かく注意しすぎず，やり切らせていきます。少しずつ繰り返して，取り組み方の向上を支えていくのです。レベルアップは急いではいけません。

次のような意識の変化をもてる流れをつくるのです（図45）。

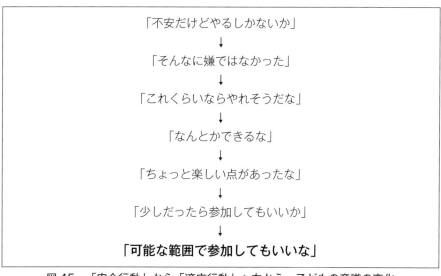

図45　「安全行動」から「適応行動」へ向かう，子どもの意識の変化

Aタイプ（違う考え方の人を否定する）には「メンバー構成」で対応する

Bタイプ（他者の評価を甘くする）やCタイプ（周りの大勢に同調する）の行動をとる子どもには，このような取組みのなかで「適応行動」の価値や

達成感を味わえるようサポーティブに対応していきます。

　Aタイプ（違う考え方の人を否定する）の行動をとる子どもは小グループ活動で不満を抱え自己中心的な行動をする可能性がありますから，集団活動（協働活動）の際はメンバー構成を工夫し，活動させる際には教師が小集団のそばで随時介入していくことが必要です。

例えば「活動中のフィードバック」はこうする

　不安のグルーピングではないメンバー構成での小グループで，役割行動を主とした「適応行動」となる活動（係り活動等）に取り組ませ，途中の節目に振り返りの場を設定し，以下について，教師が子どもたちにポジティブフィードバックをしていきます。そして，それに対して，子どもたちに自分の活動を振り返らせながら，意見や考え，質問をしてもらうのです（図46）。

---

❶ 活動の進み具合や様子（できている点や苦戦している点等）
❷ 活動で良くなってきたこと

図46　振り返りの内容

　最初は子どもたちからのリアクションはないか，とても少ないかもしれませんが，無理強いはしません。子どもの取組みに対して教師からのポジティブなフィードバックを繰り返すことによって，個々の子どもに自分の活動を振り返ろうという意識を少しずつ喚起し，意識して「適応行動」を選択できるようになる素地を形成していくことが大事です。

例えば「振り返り（区切り）のフィードバック」はこうする

　集団活動の枠組みの下で，与えられた課題に対して個人的に「適応行動」で取り組めた部分に対して，教師が個別に取り上げて承認し，意味づけしてあげることが大事です。例えば「役割の責任をしっかり果たせていたね」「みんなに声をかけて，チームワークを高めようとしてくれていたね」という具合です。小さな「適応行動」の発揮をしっかりと取り上げて意味づけし，その行動ができたことを評価して伝えることで，子どもに「適応行動」をしようという動機づけをしていくのです。

タイプ 5

防衛的風土の学級集団

安定度 ◁■■■：■■■▷ 活性度
（集団の発達段階のめやす「混沌・緊張期／学級崩壊」）

どんなクラス？

例えばどうする？

フィードバックは基本的に教師から児童生徒へ

◎「枠」を用いて，不安を低減しながら活動させる
◎加点方式で，ポジティブフィードバックが基本

● このタイプの特徴は？

学級集団の特徴：揚げ足を取ったり引き下げたりするギスギスした状態。さらに欲求不満が高まると，いじめ被害が起こりやすい

　人は不快なことが継続して続き，それから身を守るための防御反応として，「闘う」か「逃げる」か，どちらかの行動をとることが多いのです。タイプ4（無気力化した傾向：②不安定③流動×❷停滞：96頁）の学級集団では，子どもたちは「逃げる」傾向が強く他者とかかわらないで自分を守ろうとします。それに対してタイプ5（防衛的風土：②不安定×❶不履行❷停滞）の学級集団では，子どもたちは「闘う」傾向も表出しています。怒りの爆発や，けんかなどの攻撃的行動が学級内にみられるのです。

　この状態は，タイプ3（空洞化した傾向：③流動×❷停滞❸遂行：90頁）やタイプ2（形骸化した傾向：④固定×❸遂行：84頁）の学級集団で具体的な学級集団づくり（安定度の確立）の対応がなされず，その学級のプラス面が徐々に喪失し，マイナス面が強く生起してきたものです。

　学級集団の規律の共有と共同エージェンシーの形成がともにより低下した状態になると，相乗的にマイナスの影響が強まります。子どもたちの相互作用は非建設的になり不安から閉じた小グループが形成され，小グループ間では対立が生じやすく，さらに小グループ内の人間関係もギクシャクしやすくなります。子どもたちは侵害行為を受けることが多くなり，承認感もとても低いものになっていきます。

　このような学級集団の状態で集団活動が展開されると，クラスメイトに不信感をもちがちになり，子どもたちは欲求不満も高まっていき，相互に警戒し合い，学級集団はギスギスした状態になっていきます。

　欲求不満で否定的な感情が生じたとき，欲求不満を解消するために攻撃行動が生じやすいのです。攻撃性の発揮の一つとして他者を支配して服従させたいという傾向もあり，言うことを聞かないクラスメイトをいじめるということも見られます。

人間関係の特徴：Ａタイプ（違う考え方の人を否定する）の行動をとる子どもが自己中心的に振る舞っている

　学級内にＡタイプ（違う考え方の人を否定する：29頁）の行動をとる子どもが数人おり，それぞれ排他的な小集団で自己中心的な活動をしており，それらの小集団の子どもたちがぶつかって攻撃し合っている傾向があります。Ｂタイプ（他者の評価を甘くする：30頁）やＣタイプ（周りの大勢に同調する：31頁）の行動をとる子どもはこのような状況が苦手で，距離をとって傍観していたり自分に火の粉がかからないように付和雷同的に行動したりして，学級の荒れに拍車をかけてしまいます。

● 何をするか

集団活動（協働活動）に取り組む抵抗感を徐々に減らす

　自律的な動機ではなくても集団活動の枠組みの下で最低限，教師から与えられた課題に取り組むことができ，自分なりにやり遂げられるようになることをめざします。子どもにとってやりたいことではなかった活動や嫌々取り組んだ課題であっても定期的に取り組んでいるうちに少しずつ抵抗感が減っていき，「少しなら取り組んでもいいかな」という意識がもてる（適応行動に取り組もうという意識がもてる）レベルをこの段階の一応の目標にします。このような取組みが子どもの抵抗を減らし，安全行動でやり過ごしていた状態を少しずつ改善することにつながっていくのです。教師が達成レベルを高めすぎたり成果を急ぎすぎたりすると，子どもたちの抵抗を高めてしまう点に留意が必要です。「見守り，応援するよ」というメッセージを届け，子どもたちとの信頼関係が少しずつ高まるようにしていきます。

個々の非建設性の背景に「引き下げの心理」があることをおさえる

　学級で協働の活動を設定して取り組ませること自体が，とても難しい状態です。学級の安定度の低さは子どもたちの欲求不満を高め，それを発散するための攻撃性の高い行動につながり，学級内は攻撃性の発散による非建設的なトラブルが頻発するという悪循環になっています。子どもたちは他者に対して攻撃的で他罰的な傾向が強まっており，このようななかでクラスメイト

第3章 どんな学級でも取り組むためのヒント

から攻撃されないために，グループ内外での地位や力を志向し自分を大きく見せるように振る舞う傾向が多くなります。同時に子どもたちには他者の成功や幸福を見てそれを否定的に捉え，妬みや嫉妬を感じる「引き下げの心理」が高まっています。自分が高まるのではなく他者を引き下げることで，心の安定を保とうとするのです。次のような行動が散見されます（図47）。

・頑張って成功しているクラスメイトを批判したり，悪口を言ったりすることで，その人を否定しようとする
・クラスメイトの成功を阻止するために，意図的に妨害する行動をとる等，足を引っ張る行動をとる

図47　このタイプで起きやすい「引き下げの心理」の行動化

このような学級集団を教師も改善できない状況に陥っている面があり，ピアフィードバックを取り入れることは無理なだけではなく，そのようなことをしたら子ども同士が傷つけ合うことにつながりやすいのです。

● どのようにするか

不安を低減しながら活動させるために「枠」を用いる

このような場合は一旦，あえて子どもたちを個人活動に取り組ませていくことが必要です。対応の指針は，タイプ4（無気力化した傾向：②不安定③流動×❸停滞）の学級集団の指針に準じたものになります。

この状態の学級集団は学級内にルールが定着していないので，子ども同士がかかわり合うと軋轢が生じやすく不安も高まるのです。教師が主導して一定の「枠」を与えて活動させることで，子どもたちの不安を低減することが大事です。「枠」とは次のようなものなどです（図48）。

・学習内容と学習方法を定め，子どもたちに課題に取り組ませる
・子どもたちの活動のプロセスを把握し，学習の成果を評価して（教師評価），次の学習内容などを提案する

図48　集団活動（協働活動）の不安を低減する「枠」の例

105

防衛的な意識の強い子どもに「TTや組織的な取組み」で対応する

　こうした防衛的な風土の学級集団では，まずそれぞれの子どもが個人でしっかり学習活動に取り組めることが求められるのです。そのためには可能なら担任教師だけではなく校内の教師がT2で入り，ティームティーチングで対応していくことも検討します。Bタイプ（他者の評価を甘くする）やCタイプ（周りの大勢に同調する）の行動をとる子どもには，このような取組みのなかで対応していきます。

　またAタイプ（違う考え方の人を否定する）の行動をとる子どもや，その小グループの子どもたちは攻撃的な意識が高まっている可能性も考えられるため，校内の教師たちの協力を得て組織的に対応していくことも求められます。

例えば「活動中のフィードバック」はこうする

　前述したようにこのタイプの学級集団ではピアフィードバックを取り入れることは無理なだけではなく，そのようなことをしたら子ども同士が傷つけ合うことにつながりやすい面があります。

　授業の途中で学習の練り上げなどのためにフィードバックを実施する際は，例えばその時間の途中で子どもが取り組んでいるプリントやノートをもってきてもらい，教師が次の三つについてコメントをします（図49）。このやり取りを通して，自分の学習活動の振り返りをさせていきます。

---

❶ プリントやノートに書かれた内容について学習の進み具合や様子（できている
　点や苦戦している点等）
❷ 学習活動で良くなってきたこと
❸ 教師に求める支援はないか　　　　　等

図49　教師がコメントする三つのこと

第3章 どんな学級でも取り組むためのヒント

例えば「振り返り（区切り）のフィードバック」はこうする

与えられた課題に子どもなりに取り組めた内容や，集団活動のルールの下で行動したプロセスに対して，全部ではなく特定の部分だけであっても，教師が加点方式で少しずつポジティブフィードバックをしていきます。

例えば「取り組める量が増えてきたね」「自分の考えを少しずつ出すことができるようになってきたね」という具合です。「頑張ろうとしているのを見ているよ」というメッセージを伝えるのです。この積み重ねが子ども自身の自己評価をプラスの方向にしていきます。

TIPS 崇壊した学級集団（学級崩壊）

防衛的風土の学級集団に対して，適切な対応がなされないと，学級集団の状態はさらに悪化して，学級単位で教育活動を成立させることが難しい「学級崩壊」の状態になります。この状態は，子ども同士のピアフィードバックどころか，教師からのフィードバックも受け入れられず，すでに教育的機能を喪失している状態です。

まず，所属集団として最低限の秩序を回復させるために，学校の教師たちの組織対応による危機介入が一定期間必要になります。

column	ピアフィードバックを取り入れる前に，学級集団の状態に応じて，構成して「協働づくり」に取り組む必要のある二つの学級集団のタイプの問題点

取組みが形骸化してしまう大きな要因

　タイプ3（空洞化した傾向：③流動×❷停滞❸遂行：90頁）とタイプ2（形骸化した傾向：④固定×❸遂行：84頁）両タイプの学級集団ともに，子どもたちの協働活動に取り組む動機が外発的なものに留まったままで行動させている点が，問題の核だと思います。協働活動を成立させるポイントは，子どもたちの取り組む動機が自律的になっていることです。以下に，子どもの「動機づけ」のレベルを説明します。子どもが活動に取り組む動機には，以下のレベルがあります（図50）。

（1）外的調整（例：教師に怒られたくないから活動する）
（2）取り入れ的調整（例：みんなにバカにされないように活動する）
（3）同一化的調整（例：高い評価を得ていい大学に入るために活動する）
（4）統合的調整（例：将来地域医療に貢献したいから，いまから関連した活動をする）
（5）内発的調整（例：星について新しいことを知るのが楽しいので，それに関連した活動をする）

図50　子どもが活動に取り組む動機のレベル

　図50の（5）に近い動機で取り組む子どもほど自律性が高いのです。（1）よりも深刻なのが，やる気のない「無動機」があり，取り組むことはありません。近年，このタイプの子どもがとても多くなっています。教師は，最初は（1）の動機から取り組ませ，徐々により自律的な動機（（5）に近づくように）で取り組めるようにしていくことが，強く期待されているのです。しかし，それが途中で留まったまま，活動が展開されている形になっているのです。

　タイプ3（空洞化した傾向）の学級集団では，子どもはおもに図50の（2）取り入れ的調整で，タイプ2（形骸化した傾向）の学級集団では，子どもはお

第3章　どんな学級でも取り組むためのヒント

もに（1）外的調整と（2）取り入れ的調整で，集団活動に取り組んでいる状況
です。この段階の再度の対応が成功するかどうかのポイントは，学級集団で協
働活動に取り組む子どもたちの動機に，1～2割でも（4）統合的調整と（5）
内発的調整の面をもてたかどうかです。それが達成されないうちは，次の段階
の「協働学習づくり」の取組みを設定しても，形だけになってしまうのです。

他者への不信感が募ると，防衛的な安全行動が定着してしまう

　図51の**1**協働学習が展開できる基盤となる「目標・規律・関係づくり」
から取り組むレベルのタイプ5（防衛的風土：②不安定×**1**不履行**2**停滞：
102頁）の学級集団とタイプ4（無気力化した傾向：②不安定③流動×**3**停
滞：96頁）の学級集団の二つは，**2**のレベルの学級集団への対応が不十分
で，もう1ランク以上，状態が悪化したレベルなのです。

　この**1**の状態の学級集団の問題は，「目標・規律・関係づくり」と「協働
づくり」で育成すべきコンピテンシー（資質・能力）が育っていないだけで
はありません。人間関係の悪いなかで子どもたちが一定期間生活し活動して
いると信頼感が育っていかないだけではなく，不信感をもってしまい，防衛
的な安全行動が定着してしまいます。このような不信感は子ども同士だけで
はなく，教師にも抱いていることが少なくありません。したがって，子ども
たちの不信感からくる抵抗に対応しながら，コンピテンシー（資質・能力）
を育成していかなければならないのです。

1「目標・規律・関係づくり」から取り組むレベル
　　タイプ5：防衛的風土の学級集団（②不安定×**1**不履行**2**停滞）
　　タイプ4：無気力化した傾向の学級集団（②不安定③流動×**3**停滞）
2「協働づくり」から取り組むレベル
　　タイプ3：空洞化した傾向の学級集団（③流動×**2**停滞**3**遂行）
　　タイプ2：形骸化した傾向の学級集団（④固定×**3**遂行）
3「協働学習づくり」に取り組むレベル
　　タイプ1：同一化的傾向の学級集団（④固定⑤安定×**3**遂行**4**活用）

　図51　「目標・規律・関係づくり」「協働づくり」「協働学習づくり」の3ステップ

109

注　釈

*1　【9頁】　河村茂雄（2000）．学級崩壊予防・回復マニュアル．図書文化．

*2　【10頁】　Volatility（変動性）：ものごとが大きく速く変化する状況のこと。例えば，人々の考え方の多様化や，AI などのテクノロジーの進化による社会の仕組みの変化など。先の見通しや将来の予測が難しくなる。

Uncertainty（不確実性）：将来起こることが予測できない状況のこと。例えば，気候変動，新型コロナウイルスのような感染症の流行など。安定した成長を前提とした日本型雇用（終身雇用制度や年功序列など）が崩壊し，成果主義での評価が一般的になっていく。

Complexity（複雑性）：さまざまな要素が複雑に絡み合っている状況のこと。例えば，SNS の活用による多くの情報が飛び交う状態，異なるルール・文化・慣習など多様性が大きな観光客など。日本での成功例のあるビジネスでも海外では通用しない・海外で成功したビジネスが日本では通用しないことが一般的になっていく。

Ambiguity（曖昧性）：さまざまな要因が絡み合い生じる因果関係が曖昧な状況のこと。例えば，既存の常識が通用せず，答えが一つではないこと。前例のない出来事が増え，過去の実績や成功例に基づいたやり方では通用しないことが多くなる。

*3　【10頁】　OECD はヨーロッパ諸国を中心に日・米を含め 38ヶ国の先進国が加盟する国際機関で，本部はフランスのパリに置かれている。OECD の前身は第二次大戦後の 1948 年に欧州 16 か国で OEEC（欧州経済協力機構）が発足し，1961 年に OEEC 加盟国に米国及びカナダが加わり新たに OECD（経済協力開発機構）が発足し，日本は 1964 年に加盟国となった。OECD が実施する生徒の学習到達度調査（PISA：Programme for International Student Assessment，日本では「国際学習到達度調査」）とは，OECD 加盟国の多くで義務教育の終了段階に

ある 15 歳の生徒を対象に，読解力，数学知識，科学知識，問題解決を調査するものである。国際比較により教育方法を改善し標準化する観点から，生徒の成績を研究することを目的としている。第 1 回調査は 2000 年，以後 3 年毎に調査が実施されている。

*4　【10 頁】　コンピテンシーは「人生で直面する様々な課題に対して，自分がもつ知識やスキル，価値観などを活用することで，適切に対処しいく能力」と定義され，その核となるものがキー・コンピテンシーである。大きく「相互作用的に道具を用いる」「異質な集団で交流する」「自律的に活動する」の三つの領域から構成されている（河村，2017）。キー・コンピテンシーは DeSeCo プロジェクトでも定義されたが，ラーニング・コンパスでは「新たな価値を創造する力（creating new value）」「対立やジレンマに対処する力（reconciling tensions and dilemmas）」「責任ある行動をとる力（taking responsibility）」といった三つのコンピテンシーの総体を「変革をもたらすコンピテンシー（transformative competencies）」と名づけ，2030 年の新たなキー・コンピテンシーと位置づけている。

*5　【11 頁】　世界保健機関（WHO）では，ウェルビーイングのことを個人や社会のよい状態と説明している。健康と同じように日常生活の一要素であり，社会的，経済的，環境的な状況によって決定されるものである。ウェルビーイングには「主観的ウェルビーイング」と「客観的ウェルビーイング」の 2 種類がある。「主観的ウェルビーイング」とは，一人ひとりが自分自身で感じる「よい状態」の認識や感覚によって見えてくるものである。「よい状態かどうか」の感じ方は一人一人異なる。それを測る指標として，「人生への幸福感「満足感」「日常生活への自己評価」「うれしいなどの感情」などがある。「客観的ウェルビーイング」とは，客観的な数値基準で把握できるものである。例えば，GDP（国内総生産），平均寿命や生涯賃金，失業率，労働時間や余暇時間など，統計データで測れるもので，国別や県別などウェルビーイングの充実度を比較するときに活用される。

*6 【11頁】 教育基本法第2条第3号は「正義と責任，男女の平等，自他の敬愛と協力を重んずるとともに，公共の精神に基づき，主体的に社会の形成に参画し，その発展に寄与する態度を養うこと」という，エージェンシーの理念に重なるものである。自分事として将来の社会のあり方について考え実現のための目標を設定しその実現に向けて行動する態度を育成していくことと，自らの目標やその実現のための行動が社会にとってどのような意味があるかを考えたり振り返ったりする態度や能力を育成することは，まさにエージェンシー育成の考えそのものである。

*7 【12頁】 「各教科等において，物事の中から問題を見いだし，その問題を定義し解決の方向性を決定し，解決方法を探して計画を立て，結果を予測しながら実行し，振り返って次の問題発見・解決につなげていく過程を重視した深い学びの実現を図ることを通じて，各教科等のそれぞれの分野における問題の発見・解決に必要な力を身に付けられるようにするとともに，総合的な学習（探究）の時間における横断的・総合的な探究課題や，特別活動における集団や自己の生活上の課題に取り組むことなどを通じて，各教科等で身に付けた力を統合的に活用できるようにすることが重要である。」（文部科学省（2017）．小学校学習指導要領（平成29年告示）解説総則編．)

*8 【16頁】 楠見孝（2011）．批判的思考とは．楠見孝・子安増生・道田泰司（編）．批判的思考力を育む——学士力と社会人基礎力の基盤形成．有斐閣．

*9 【18頁】 Johnson,D.W., Johnson,R.T., Holubec, E.J., & Roy,P. (1984). *Circles of learning : Cooperation in the classroom*. The Association for Supervision and Curriculum Development Publications.（石田裕久・梅原巳代子（訳）（2010）．学習の輪——学び合いの協同教育入門．二瓶社.）

*10 【18頁】 河村茂雄（2017）．アクティブラーニングを成功させる学級づくり——「自ら学ぶ力」を着実に高める学習環境づくりとは．誠信

書房.

*11 【21 頁】 文部科学省（2011）. 子どもたちのコミュニケーション能力を育むために──「話し合う・創る・表現する」ワークショップへの取組（コミュニケーション教育推進会議審議経過報告）（平成 23 年 8 月 29 日）.

*12 【23 頁】 河村茂雄・武蔵由佳（編著）（2019）. 教育心理学の理論と実際. 図書文化.

*13 【27 頁】 Edmondson, A.（1999）. *Psychological Safety and Learning Behavior in Work Teams.* Administrative Science Quarterly, 44（2）, 350-383.

*14 【38 頁】 経済産業省（2022）は「未来人材ビジョン」のなかで，日本の国際競争力がこの 10 年で大きく低下してきた要因に，日本の組織はVUCA の状況への準備ができていないことを警告した。そして，その背景のなかの一つに，多くの学校現場では画一的な既存の知識の詰め込みの授業から脱却できていないことを示唆している。さらに，そのような状況の学校教育のなかで，2023 年度の不登校の子どもは過去最高を更新続けている。

*15 【38 頁】 河村茂雄（2021）. 学級集団づくり／学級崩壊の変遷. WEBQU 教育サポート.

*16 【38 頁】 河村茂雄（2021）. 講師のための学級経営コンサルテーション・ガイド. WEBQU 教育サポート.

*17 【38 頁】 河村茂雄（編著）（2022）. 開かれた協働と学びが加速する教室. 図書文化.

*18 【40 頁】 文部科学省（2011）. 子どもたちのコミュニケーション能力を育むために──「話し合う・創る・表現する」ワークショップへの取組（コミュニケーション教育推進会議審議経過報告）（平成 23 年 8 月 29 日）.

*19 【47 頁】 河村茂雄・品田笑子・藤村一夫（編著）（2007）. 学級ソーシャルスキル小学校低学年. 図書文化. ／同（編著）（2007）. 学級ソー

シャルスキル小学校中学年. 図書文化, ／同（編著）（2007）. 学級ソーシャルスキル小学校高学年. 図書文化, ／河村茂雄・品田笑子・小野寺正己（編著）（2008）. 学級ソーシャルスキル中学校. 図書文化.

*20 【53頁】 田島充士（2019）. TAKT授業のデザイン──批判的対話がつむぐ笑顔の教室. 福村出版.

*21 【58頁】 河村茂雄・武蔵由佳（編著）（2019）. 教育心理学の理論と実際. 図書文化.

*22 【59頁】 市川伸一・植阪友理（編著）（2016）. 最新教えて考えさせる授業小学校. 図書文化.

*23 【60頁】 Biggs,J. & Tang, C.（2011）. *Teaching for quality learning at university*. 4th ed. Berkshire: The Society for Research into Higher Education & Open University Press.

*24 【62頁】 Johnson, D. W., Johnson, R. T., & Holubec, E.J.（1993）. *Circles of learning: Cooperation in the classroom*. 4th ed. Edina, MN: Interaction Book Company.

*25 【62頁】 Johnson,D.W., Johnson,R.T., Holubec, E.J., & Roy,P.（1984）. *Circles of Learning : Cooperation in the Classroom*. The Association for Supervision and Curriculum Development Publications.（石田裕久・梅原巳代子（訳）（2010）. 学習の輪──学び合いの協同教育入門. 二瓶社.）

*26 【72頁】 長瀬荘一（2006）. 1年間の評価の仕事. 北尾倫彦（編）. 学びを引き出す学習評価. 図書文化. 33.

*27 【82頁】 Mehan, Hugh,（1979）. *Learning Lessons: Social Organization in the Classroom, Cambridge, Mass.,* Harvard University Press.

*28 【97頁】 発達課題達成の促進とは, 例えば, 自意識が強まる思春期は対人不安が高まる時期で, 不安を避けるために対人関係が消極的になる（安全行動）ことはよくみられる. こういうとき一時でも自らクラスメイトに話しかけ人間関係を構築する（適応行動）場をもてることで, 他者との交流の意味を実感でき, 発達の促進につながっていく,

というような効果が期待できる。

*29 【98頁】　混沌とした状況が一定期間続くと子どもたちの不安と欲求不満はよりいっそう高まり，このような状況が改善されることもなく，教師の指導に対する信頼も希薄化し，子どもたちは何かしたいという思いは乏しくなり，とにかく嫌な思いをしたくない，傷づけられたくないと考え，クラスメイトと大きな距離をとるようになっていく。教室内はバラバラな状態で，互いに能動的にかかわらないことで，最悪にならないという均衡を保っている。したがって，教師が協働活動することを促しても，笛吹けども踊らずで，学級は烏合の衆のようになっている。このような状態になった学級集団では，従来は，人間関係の軋轢が頻繁に発生し始め，学級集団は荒れた状態になっていた。しかし，近年，このような拡散した状態のままで継続している学級集団が増えてきている。教師も全体活動やグループ活動に強く取り組ませることが少なくなり，やらないなら仕方がないという状態になっているのである。このようななかで，子どもたちはクラスメイトとのかかわりが乏しく相互に距離をとっているので，大きなトラブルが起こらない状態を保っている。子どもたちには，協働活動を避ける傾向が強くなっているのである。

おわりに

「OECD 教育 2030」は持続可能な社会の創り手として子どもたちを考え，その実現への原動力となるエージェンシーの育成を強くめざしています。問題解決に向けては自分の考えだけに陥らず協働学習し，社会のルールや規範に照らしながら合意形成され，責任ある意思決定をするなかでエージェンシーを発揮するような体験学習が期待されるのです。ピアフィードバックの力は，メンバー同士が互いを尊重し建設的に支え合う協働性や社会性が基盤にあるもので，これからの社会を担う子どもたちに必ず身につけてもらいたいものです。

「OECD 教育 2030」がめざす教育，共同エージェンシーのもと，共有された目標に向かって学習者が邁進できるように，協働活動・学習していく取組みとは，日本の学校教育においてはどのようなものなのでしょうか。筆者は，子どもが学級集団に所属し，クラスメイトたちと学級目標を共有して，共に学級集団づくりに参画し，学級集団で協働活動・学習に取り組んでいくことも，その核になると考えています。

人々が協働するには，協働すべき共有される目的・みんなで達成していく目標がなければならないのですが，多様性のなかで不安で率直に活動できない子どもたちが多く，みんなの依りどころとなる大事にしたいと思える目標を見いだして共有することがとても難しいのです。多様性を尊重しながら，人々がつながっていくには，各人がそれが大事なのだと思える体験を通して実感をもち，参画していく意志とスキルをもてるようになることが必要です。そのためには，適切な教育が必要不可欠で，理念を具現化する「学級集団づくり」の，特に安定度の「目標・規律・関係づくり」を確立する方法論が必要だと思います。筆者にとっても，今後の大きな課題です。

2025 年 2 月
志を共有する教育関係者たちと強く協働できることを願いながら

早稲田大学教授

博士（心理学） 河村茂雄

著　者

河村茂雄　かわむら・しげお

　早稲田大学教育・総合科学学術院教授。筑波大学大学院教育研究科カウンセリング専攻修了。博士（心理学）。公立学校教諭・教育相談員を経験し，岩手大学助教授，都留文科大学大学院教授を経て現職。日本学級経営心理学会理事長，日本教育カウンセリング学会理事長，日本教育心理学会会員，日本カウンセリング学会理事，日本教育カウンセラー協会岩手県支部長。

　［おもな著書］『子どもの非認知能力を育成する 教師のためのソーシャル・スキル』『アクティブラーニングを成功させる学級づくり』（以上，誠信書房），『日本の学級集団と学級経営』『学級集団づくりのゼロ段階』『学級崩壊予防・回復マニュアル』（以上，図書文化），『教師のための失敗しない保護者対応の鉄則』（学陽書房）ほか多数。

ピアフィードバックのゼロ段階

2025 年 2 月 20 日　初版第 1 刷発行 ［検印省略］

著　　者	河村　茂雄	
発　行　人	則岡　秀卓	
発　行　所	株式会社 **図書文化社**	

　〒112-0012　東京都文京区大塚1-4-15
　電話 03-3943-2511　FAX 03-3943-2519
　http://www.toshobunka.co.jp/

カバーデザイン	中濱健治
イラスト	松永えりか
組版・印刷	株式会社 Sun Fuerza
製　　本	株式会社 村上製本所

ⒸKawamura Shigeo, 2025　Printed in Japan
ISBN 978-4-8100-5788-1　C3037

[JCOPY]〈出版者著作権管理機構　委託出版物〉
本書の無断複写は著作権法上での例外を除き禁じられています。複写される場合は，そのつど事前に，出版者著作権管理機構（電話03-5244-5088，FAX 03-5244-5089，e-mail：info@jcopy.or.jp）の許諾を得てください。
乱丁・落丁本はお取り替えいたします。定価はカバーに表示してあります。